老いぼれ記者魂

青山学院春木教授事件四十五年目の結末

早瀬圭一

幻戯書房

目次

装幀　佐藤絵依子
写真　紘志多求知

老いぼれ記者魂

――青山学院春木教授事件四十五年目の結末

プロローグ

三年前の平成二十七年（二〇一五）、秋も深まった十一月中旬の午後、ＪＲ三鷹駅前からバスに乗った。終点でバスを降り、電話をかけた。声の主は、電車の線路沿いに五分も歩けば「鍼灸治療院」の看板を出した家の前に着くと、道順を教えてくれた。

その年の春から、青山学院大学春木猛教授事件の洗い直しを始めていた。今から四十五年前の事件だ。当時、昭和四十八年（一九七三）三月、私は毎日新聞社会部の遊軍記者だった。取材陣の一員として、事件を扱った渋谷警察署の町田和夫署長や、青学最大の権力者であり実力者の大木金次郎院長を取材した。その大木院長の側近が、当時助教授だった須々木斐子《すすきあやこ》だ。取材中、須々木とも一言二言、言葉を交わしたかもしれないが、面影すら浮かばない。あのときの須々木が健在で、しかも鍼灸院をやっているという情報を摑み、三鷹駅からバスに乗ったのだった。

「資格取得のエキスパート達」というインターネットのホームページには、さまざまな分野の人が紹介されていた。そのなかに「元大学受験ラジオ講座講師（「須々木の英語クリニック」担当）、青山学院大学名誉教授の現在」もあった。元講師は鍼灸師となっており、治療内容の詳細ばかりか、住所、電話番号まで記されていた。この情報は、青山学院大学の職員が見つけたものだ。

須々木斐子の現在を、私はまず青山学院名誉院長の深町正信に伝えた。深町は大木金次郎亡きあと、青山学院の院長を十九年間務めており、当然、須々木とも面識があった。平成二十五年（二〇一三）十月からは東洋英和女学院の院長に就き、二十九年（二〇一七）十月末に退職している。

平成五年（一九九三）三月に五十四歳で毎日新聞社を辞めた私は、大学の教員に転じた。名古屋、京都、金沢などの大学でも教えたが、横浜と六本木にキャンパスがある東洋英和女学院大学が最も長く、十年以上勤めた。平成三十年（二〇一八）の今も、生涯学習センターで社会人たちに相対している。

東洋英和女学院の院長室は、幼稚園、小中高、大学院の学生たちが通う六本木キャンパスの奥にあり、私はそこに深町を訪ねた。「須々木鍼灸治療院」のホームページをプリントアウトしたものは予め届けておいた。春木事件を発端から見直すことについても、深町には前もって報告し、協力を求め、了解を得ていた。約束の時間に院長室のドアをノックすると、深町が応じた。

「あの先生が鍼灸院をされているとは……同姓同名の別人ではないですか？」

深町は開口一番そう言い、私をソファへと促した。

「これを見て下さい」

私は馴れない手つきでスマートフォンを操作し、あらためて「資格取得のエキスパート達」というホームページのなかの「青山学院大学名誉教授の現在」を深町に見せた。

「あっ、ほんとだ。これはまちがいありませんね」

深町は驚き、信じられないという表情をした。

「とりあえず患者として診察を受けてみます。それ以外方法はないでしょう。反応はともかく、直接会うのが一番です」

「それはそうですが……」

「須々木鍼灸院には何度か電話をかけてみたのですが、留守番メッセージが流れるばかりで、なかなか通じませんでした。やっと通じたとき、ホームページを見たことを伝え、一度治療していただきたいのですが、と切り出しました」

誰かの紹介でもないのに、あっけないほど須々木はあっさり承諾した。診察の日時を決めたさい、私は名前しか伝えなかったが、とくに何も聞かれなかった。

「大丈夫ですかね」

深町は簡単に診察予約が取れたことに驚いていた。鍼灸師の看板を掲げているとはいえ、青学の名誉教授が、電話一本かけてきただけの見知らぬ男の予約を簡単に受けるものだろうか。敬虔なクリスチャンの深町は慎重な人で、首を傾げている。

「須々木先生の健在が確認できたのです。春木事件のことにまで話題が及ぶかどうかはわかりませんが、ともかく行ってきます。逆鱗に触れても、まさか針一本で殺されることもないでしょう」

須々木名誉教授が聞いたら叱られそうな冗談を言って、私は院長室を出た。青山学院大学名誉教授の須々木が、なぜ国家試験にまで挑戦し、鍼灸師になったのか。この点にも私は関心があった。

須々木斐子は昭和八年（一九三三）二月に北海道で生まれ、小樽潮陵高校から津田塾大学英文科へ進み、三十年（一九五五）に首席で卒業、女性としては日本で二人目のフルブライト留学生になった。三十八年（一九六三）にミシガン州立大学大学院で修士の学位を取得、帰国後、東京都立三鷹高校教諭、文京女子短期大学専任講師を経て、四十二年（一九六七）、青山学院大学法学部専任講師に着任した。四十六年（一九七一）に助教授、そして五十一年（一九七六）に四十三歳で教授となった。女性教授としてはむろん最も若かった。五十五年（一九八〇）から六十三年（一九八八）までの八年間は、院長室の隣に部屋を与えられていた。須々木は四十七歳で特別職の青山学院教育企画調整室長に抜擢されるなど、要職を務めた。ちなみに日本初の女性フルブライト留学生は須々木の次姉の敏子で、同じく津田塾出身だった。敏子は留学後、言語学博士を取得し、昭和四十年（一九六五）九月、カリフォルニア大学ロスアンジェルス校の言語学教授となったが、翌年一月、当地で客死している。

教育企画調整室長だった須々木はベテラン職員三人を従え、大木金次郎院長の特任事項の処理、訓話などの下書きもこなした。大木が学外で講演をするときも、その草稿は須々木が作成しており、まさに特別秘書的存在だった。須々木室長を通さなければ、学長や学部長でも大木院長には会えないほどの「実力者」だった。

八十歳を過ぎた青山学院大学名誉教授で鍼灸師の須々木斐子は、実際に会ってみると身だしなみがよく、記憶力も抜群だった。打てば響く受け答えで、会話はスムーズに運んだ。

第一章　発火

繰り返される内紛

東京都心、北は青山通りから南は六本木通り、西は渋谷のターミナルにほど近い、十一万九千七百八十一平方メートルという広大な敷地をもつ青山学院は、平成二十六年（二〇一四）に創立百四十周年を迎えた。交通の便が悪く、学生にも不評だった厚木キャンパスは平成十五年（二〇〇三）に処分した。青山と、さらに十六万二千四百八十二平方メートルの用地を確保した相模原にキャンパスを集約し、現在は二万人余が通う大学十学部のほか、幼稚園、小中高、大学院までがある。これほど「地の利」を得た大学はなかなかない。

また、平成三十年（二〇一八）に箱根駅伝を四連覇した青山学院大学は、野球、ラグビーなど運動部にも伝統があり、多くの有名選手を輩出している。

そんなトレンディな大学も例外ではなく、実のところ長い歴史のなかで、派閥争いや醜聞《スキャンダル》が繰り返し生じている。ごく最近の例としては、平成二十七年（二〇一五）四月に新設された「地球社会共生学部」をめぐる、推進派で青学生え抜きの仙波憲一学長と、設置に反対した経営、法、国際政治経済、社会情報の四学部の内紛がある。「人と痛みを共有し、ともに学び、ともに世界を切り拓く」をキャッチフレーズに掲げた十番目の新学部の説明は、次のようなものだった。

「青山らしいグローバル人材の育成を目指す新学部は創立140年を迎えた青山学院の建学の精神そのもの」「充実した英語教育」「体験知を重視した留学制度」「卒業後の進路を切り拓くカリキュラム」。

しかし「充実した英語教育」は青山学院創立以来の方針であるし、それ以外も目新しさはない。どこの大学でも目指していることで、わざわざ掲げるほどの「特色」ではない。新学部に反対した四学部は「国際政治経済学部とどこが違うのか」「何を教える学部なのかまるでわからない」「海外の大学で博士号を取得した教員が皆無」「せっかく文系学部を青山に集約したはずなのに、なぜ新学部を相模原キャンパスに設置するのか」「相模原キャンパスに空き地が出来たため、それを埋めるための『空家対策』ではないか」などと、仙波学長に詰め寄った。

仙波学長は「理事会の承認を得て新学部設置の届け出を出して認可申請手続きを進めている。すでに公表している」との説明を繰り返したが、あくまでも四学部は反対を唱えた。「全学部が一致というのが新学部をつくる前提だから学則に反している」。反対派は新学部設置無効確認訴訟も辞さないと訴え、一歩も引かない態度を表明した。

重箱の隅をつつくようだと、反対派に批判的な教職員も多かったが、議論百出の挙げ句、学長選挙で決着をつけることになった。推進派である現職の仙波学長と、反対派の三木義一法学部長が立候補した。三木は一橋大学出身で静岡大学、立命館大学などを経て青山学院大学法学部に着任したいわば外様だった。

全教員と職員の一部五百九名による投票の結果、大方の予想に反し、三木が当選した。得票は三木が二百六十一、仙波が二百二十八で、白紙が十八、無効が二だった。生え抜きの仙波に替わり、平成二十七年（二〇一五）年十二月十六日付で新学長に就任した三木の出方を、推進派の理事や教職員は内心複雑な思いで見守るしかなかった。

ところが、地球社会共生学部の設置に強硬に反対した三木新学長が、これを撤回の方向にもっていったかというと、今さらそんなことができるはずもなかった。学長が入れ替わっただけで、新学部設置への歩みは以前と何ら変わることがなかった。

朝日新聞の全面広告に「リーダーたちの本棚」というページがある。翌平成二十八年（二〇一六）二月二十六日付のそのページに、学長に就任したばかりの三木が大きな写真入りで登場している。前年の秋にはまだ強硬な反対派の法学部長だった三木が、地球社会共生学部新設の理由を、平然と語っている。

「語学力はあって当然で、プラスアルファの見識を携えて国際社会で活躍できる人間の育成を目指しています。今後力を入れていきたいことは、国内の地域振興に寄与出来る人間育成です。すでに複数の市と連携関係を築いており、夏休みなどに教員や学生を地方に派遣して英語の授業を行ったりインターンシップの学生を地方自治体に派遣して街づくり構想に参画してもらったりと、新しい試みを始めていきます」

学長選挙当日まで新学部に反対していた「外様の学長」は、当選した途端、このように豹変した。新学長に就任した以上、そう言わざるを得なかったのだろう。大学に限ったことではないが、組織とは不思議なものだ。

平成二十九年（二〇一七）の三月下旬、入試期間も終わった比較的暖かい日の午後、私は青山の広いキャンパスを歩いた。行き交う学生に混じって、四月からの新入生もキャンパスの下見に来ているようだった。正門から真っ直ぐ進むと、かつては図書館だった間島記念館の古びた二階建てがある。現代的な建築の研究棟や講義棟、図書館などが並ぶなかで、間島記念館は青山学院の長い歴史とともに歩んできたという趣がある。そのすぐ前に大木金次郎の銅像が、なぜか正門ではなく、間島記念館のほうに向いて建っている。

青山学院生え抜きで「中興の祖」と呼ばれた大木は、学長を務めたあと、院長兼理事長のポストを約三十年にわたり手離さず、権力を掌握した。学院の財政面を支えつづけた万代《まんだい》順四郎と双璧をなす貢献者だったことは、誰もが認めている。

大木の銅像は本来、正門を入ってすぐのところにあるべきではないのか。なぜキャンパスの片隅に建てられたのか。その理由を教職員のほとんどは知らないだろう。ひょっとして、大木の銅像の存在すら今や意識の外かもしれない。

新学部創設をめぐる内紛について、大木が健在だったらどう対処しただろうか。そんなことを思いながら、私は構内を歩いた。学生たちの表情は明るく、無邪気そのものに見えた。彼らには教員同士の権力争いも派閥も関係なく、青春をただひたすら謳歌しているかのようだった。

年間百人以上の情実入学

昭和五十七年（一九八二）一月十八日、毎日新聞のスクープで青山学院大学が「年間百人以上もの情実入学」を組織的に行っていたことが明らかになった。裏口入学は一面トップで報じられ、学院関係者や世間に衝撃を与えた。見出しには「青学大で情実入学――年間100人も　20年前からの〝慣習〟」「元首相や文教議員が依頼　大木院長裁量で」とセンセーショナルな文字が躍っている。

「キリスト教系私学の名門、青山学院大学（大木金次郎院長、保坂栄一学長）の五十六年度までの入学試験で、永年にわたり入試の得点を無視した情実選抜が組織的に行われていたことが、学内関係者多数の証言によって明らかになった。情実選抜は補欠を繰り上げ合格させる際に行われ、院長が推薦する政界関係者子弟、教職員が推薦する子弟や縁故者などが優先的に取り扱われ、中には正規合格点を百点近く下回る得点（満点の約半分）の者も入学している。

大木院長はじめ大学当局も事実を認めており、教授たちの多くは、情実入学者は昼間五学部で年間約百人を数え、特に文教関係国会議員の推薦が目立った、と指摘している。大木院長は日本私大連盟、私学審議会各会長。昨年、入学者選抜の厳正公平化を全私大に通達した文部省は、私学界最高指導者のおひざもとで起きた事態に強い衝撃を受けている」

「情実選抜」は補欠を決めるさいに行われるとし、記事は次のように明かしている。要点を抜粋する。

「院長・学内推薦は昭和四十四年前後の学園紛争時を除き、二十年近く慣行として続き、その扱われ方によって事実上は六種類に分かれていた。院長推薦は二重マル、マル、無印の三つ。便せんに受験番号、氏名、院長や大学との縁故の関係を書いたこの推薦リストは、毎年の入試期に院長室から直接、各学部長に渡される。大木院長は『(院長推薦は)毎年六、七十人だった。ランクは自分の裁量で決めた』と認めている」

「学内推薦は、教職員による『子弟推薦』と『知人推薦』、それに『体育会推薦』の三種類。子弟推薦は各学部一、二人、体育会推薦は全学で五十人程度だが、知人推薦は原則として全教職員(約千人)が毎年一、二人を推薦出来るため、かなりの数にのぼったという」

「この中でも最も優遇されたのは、院長推薦と子弟推薦。院長推薦は、理事長も兼ねている大木氏個人の推薦と理事会による推薦が含まれ、入試判定会議の席上で『特別考慮』と呼ばれていた。総理大臣経験者などの大物政治家、文教族といわれる自民党国会議員から頼まれた親類の子供や選挙区関係の受験生、中央官庁や実業界有力者の依頼による受験生などが多く、その全員が合格するわけではないが、二重マルの重要推薦は文科系学部では満点(各学部により三百—四百点)の半分が合格の目安だったという」

一方、大木は次のようなコメントを寄せている。

「推薦は学院卒業生のほか総理大臣クラスの有力政治家、文教族国会議員、企業関係者などから依頼されて、一覧表を作り学部長に渡していた。しかし、合否決定は教授会が行うもので私が決めるわけではない」

しかし、当時の学内事情に詳しい名誉教授の一人は「大木院長の『鶴の一声』は決定的だった」

と私に証言している。このスクープが出る二日ほど前から「どうやら毎日新聞が書くらしい」との噂が学内に広がっていたという。院長の大木をはじめ学長ら幹部は、政界、官界などあらゆる伝手を頼り、何とか阻止しようと試みたが、叶わなかった。大木は翌一月十九日から雲隠れした。自宅に籠り、頻繁に幹部と善後策を講じていたという。

当時、教授になっていた須々木斐子《すすきあやこ》は、法学部に籍を置いたまま教育企画調整室長に抜擢されて二年目だ。院長室の隣に部屋も与えられていた。事件発覚後、自宅に籠って一歩も外へ出なかった院長の大木と、理事や幹部、文部省との連絡を、電話で指示を受けた須々木が仲介していた。須々木の判断は適切で、その事態処理能力を大木も評価したという。

昭和四十五年（一九七〇）より国庫補助金が私立大学にも支給されてから、文部省は入試の公正化を厳しく指導するようになっていた。ちなみに「情実入学」が毎日新聞に暴露された前年度、昭和五十六年（一九八一）度の青山学院大学に対する国庫補助金は十八億六千万円で、経常経費の約三割を占めていた。

毎日新聞の報道を受けて文部省は、宮地貫一大学局長が「青山学院での推薦入学の実態については初めて聞く話なので何ともいえない。文部省としては昨年、私立医大をめぐり寄付金問題、情実入学などが相次いだため、入試の公正確保に関する通知を全私大に出した。いずれにせよ事実関係を確認してから対応を決めたい」という談話を出しただけだった。

だが青山学院、とくに院長の大木が受けた衝撃は大きかったはずだ。昭和三十三年（一九五八）に学長に就任した大木が、財政基盤確立の手段として当初より期待していたのが国庫からの助成だった。大木の主張を『青山学院大学五十年史』（二〇一〇）より引用する。

「私学の就学者の父兄もまた納税者であるのに、自分らの子弟の教育費はすべて自己負担である。従って私学へ子弟を送る父兄は、国公立の学校に通学する者の教育費も負担して教育費の二重負担ということになる。私学の就学者も国公立の学校の就学者もともに同程度の租税による教育費の恩恵を享受する権利がある。

独立とか自尊とか、自由とか自主とかの精神を昂揚するという教育目的は、……その学園が私立であろうと国公立のいづれであろうとを問はず、共通の不可避的なものであって、当然そこに学ぶ学生や生徒にたいする教育上の社会的ないし国家的な要請であるはずである」

大木は日本私立大学連盟の会長を昭和五十五年（一九八〇）五月から五十八年（一九八三）二月まで務めている。その「私学界最高指導者のおひざもとで」発覚した「情実入学」事件に、他の有力私大の批判もあったなか、しかし大木は平然と青山学院の院長職に留まった。文部省がこの事件で青山学院にどのようなペナルティーを科したかは記録に残っていない。

現在は東大や京大でも推薦入試に踏み切る時代だ。AO入試やスポーツ推薦など大学入学の方法も多角化している。一芸入試も話題になった。毎日新聞のスクープ時に比べれば、むろん青山学院でも改革が進んだが、それだけ不透明さが増したという見方もある。青山学院に限らず、私学ならどこも大同小異だろう。早稲田でもかつて商学部の大がかりな不正入試事件があった。付属の幼小中高をもつ大学には、また別の問題が絶えず噴出している。

「一大スキャンダル」への違和感

情実入学事件の九年前、昭和四十八年（一九七三）三月、青山学院大学で後世に残る一大スキャンダルが噴出した。当事者の多くは亡くなったが、まだ健在の関係者もいる。現在、振り返ってみても依然謎が多く、登場人物も多彩だ。「教授」と「教え子」の関係性という学内のスキャンダルには収まりきらない、男と女で成り立つ「組織」ならどこでも起こり得る「事件」だった。

このスキャンダルは朝日新聞が社会面トップで報じ、世間に暴露された。三月二十日の朝刊に五段抜きで「大学教授、教え子に乱暴――青山学院大　卒業試験の採点エサ」という見出しが顔写真付きで掲げられた。

その三月二十日の早朝、毎日新聞社会部の記者だった私は、夕刊担当デスクから電話で至急の呼び出しを受けた。毎朝、起きるなり各社の朝刊を見比べる習慣が新聞記者にはある。何か抜かれていないかを確認するのだ。この日のことは、昨日のことのように鮮明に覚えている。朝日の社会面を見て、私は大きく息を吸い込んだ。こんなことが実際にあるのか、と。

「私学の名門、東京都渋谷区の青山学院大学で、現職の法学部教授で、事務局の就職部長が教え子の女子学生に『卒業試験の採点に手ごころを加えてやるから』などともちかけ、自分の研究室などに連れこんで二度も乱暴していたことが被害者の訴えで明らかになり、渋谷署と警視庁捜査一課は、この教授をこのほど婦女暴行傷害の疑いで逮捕した。教授は十五日、東京地裁から十日間の拘置延期が認められたため、渋谷署に留置されているが、『女性の方からさそわれた』などと供述しており、同署でさらに追及している。

逮捕されたのは、横浜市港北区日吉町四四一、同大法学部教授春木猛（六三）で、被害者は杉並区に住む同学《ママ》部四年生、A子さん（二四）。

被害者側の訴えのほか警察の調べや関係者の話を総合すると――春木は先月十一日、A子さんに『卒業試験の採点を手伝ってほしいのだが……』と声をかけ、自分の研究室へ呼込み、ドアのカギをかけ、A子さんに乱暴した。

その後、A子さんに『わるいことをした』と床に手をついてあやまったが、一日おいた十三日、今度はA子さんに『卒業後は学校に残って研究を手伝ってほしい』などと声をかけ、同大学一三六号室に連込んで再び乱暴した。二度にわたる乱暴でA子さんは腕などに一週間程度のけがをしたという。

A子さんは『恩師に裏切られた』とかなりのショックを受けているというが、『このような悪徳教授を許すことは第二、第三の犠牲者を出すことになる』とあえて告訴に踏切ったという。

渋谷署と警視庁捜査一課は、極秘のうちに捜査を進めていたが、医師による診断結果と、友人に犯行の一部をにおわせている事実をつかみ、今月初め逮捕した。

青山学院大の話では、春木は先月五日、持病の糖尿病が悪化したという理由で辞表を提出、現在は理事会の承認待ちの形になっている。

春木は昭和八年、米国のオクシデンタル大などを卒業、同十四年青山学院専門部講師となり、二十七年十二月、教授になった。その間二十二年から連合軍総司令部民間情報局顧問などを兼ね、国際関係の教育問題やユネスコ運動を担当した。三十一年米国で哲学博士号をとり、三十七年には日本で法学博士となった。
石田武雄・青山学院大学長の話　先月、春木君が突然、辞表を提出した時も、前から体の具合が悪かったので意外には思わなかった。やめようという人のことを、とやかくいいたくないが、本当に彼がそのようなことをしたのなら言語道断だ。学校の名誉を傷つけた責任は厳しく追及する。彼の人柄を知る私たちにとっては、信じられない。警察のくわしい調べを待って善後策を検討したい」

以上が朝日のスクープ記事の全文だった。私はこの記事を何度も読み返して、何か不自然なものを感じた。春木猛に面識はないが、自身の研究室で教え子を「暴行」した教授が、一日おいて再び同じことをするものだろうか。被害者の女子学生についても理解し難いものがある。同じ人物に同じ「乱暴」を、一日おきに二度も受けるものなのか。何か裏があるのではないか。この事件を朝日にたれ込んだのは誰か。春木の顔写真まで掲載されているのは、手際がよすぎる。写真を提供したのは誰か。疑問だらけだ。

とりあえず、警視庁クラブの記者に女子学生の告訴と春木逮捕が事実であることだけを確かめ、私は二段見出しで追いかけの記事を夕刊に書いた。

遊軍記者の私は青山学院院長の大木金次郎の取材に的を絞ることにした。大木は当時、院長と理事長を兼ね、学内では絶対的な権力を握っていた。当然、反発している者もいるだろう。学内の動きも探らなければならない。正面から行っても院長や関係者に会えるはずがない。自宅への夜回りしかない。

その間も私は朝日の記事を二度三度と読み返した。若い助手や講師ではない。功績があり、落ち度もない、就職部長を務める六十三歳の幹部教授が、「人柄」が変わったように、教え子を研究室に連れ込み、二度も強姦するものなのか。二月十一日、最初の暴行後、教授は「『わるいことをした』と床に手をついてあやまった」という。その教授が、一日おいた二月十三日に、同じ女子学生を再び研究室に連れ込み、強姦しているのである。表面どおり受けとれば確かに「悪徳教授」だが、警察取材だけで書かれたこの記事では「真相」はわからないと私は直感した。

夜回り

東京都杉並区永福町の大木金次郎の自宅で、青山学院大学の「絶対的な権力者」に会えたのは、春木猛の逮捕から一ヶ月近く経った三月下旬の夜九時過ぎだった。社旗を外し、三百メートル先の路地を曲がったところで、私はハイヤーを待機させた。大木宅には他社も当然、夜回りをかけているはずだ。学芸部の若い記者が青学出身と知り、彼女のゼミの教授を介して大木に会えるよう手筈を整えてもらったのだが、時間がかかった。文学部は概ね院長派のようで、春木が属する法学部には反大木派の急先鋒がいるとの情報も摑んでいた。その法学部のなかでも、逆に春木は大木に近いと言われていた。

大木金次郎は明治三十七年（一九〇四）八月三日に山梨県甲府市で生まれている。製炉工場の建材などを扱う会社を経営していた父通三郎と、母こしんの次男だった。大正十一年（一九二二）三月に甲府商業を卒業して朝鮮銀行に就職、翌年十二月に朝鮮の大邱（テグ）三笠町のメソジスト教会で洗礼を受けた。朝鮮銀行には約二年間、勤めている。神谷民之助牧師の勧めで青山学院商科に特別推薦で入学、昭和四年（一九二九）に卒業。青山学院から学費全額を支給され、アメリカのオハイオ・ウエスレアン大学経済学部三年に無試験で編入学、同校卒業後はコロンビア大学経済学部大学院に入学、昭和七年（一九三二）に卒業。同年十月に青山学院商科教授に就任、以後、学部長、学長、院長、理事長と昇りつめた。大木の経歴を眺めると、入学の経緯、留学費用の支給も含め、青山学院におけるエリートコースを驀進している。

一方、春木猛は麻布中学から青山学院専門部英文科を経てアメリカに留学し、帰国後の昭和十四年（一九三九）に母校の専門部講師となった。戦後、昭和二十七年（一九五二）に教授に昇進している。ということは、大木と春木は戦前、少なくとも昭和十四年以来、立場は違えど先輩後輩で同僚だった。二人は昨日今日の仲ではない。私は二人の経歴を頭に叩き込み、大木の取材に臨んでいた。

大木は小柄で、学者というより実業家のほうが似合いそうな風貌だった。

「春木先生の人柄からして今度の事件は考えられません。何かのワナにはめられたのではないかとも思いますが、具体的なことは何もわかりません」

大木は応接室で私と向き合うなり、慎重に話しはじめた。他社にも同じように答えてきたのだろう。

「朝日にはどこから漏れたのでしょうか」

「わかりません。二十日の新聞で私も初めて知りました」

「あの女子学生はご存知でしたか？」

「知りません。授業はもっておりませんし、よほどのことがない限り学生を個別に知る機会はありません」

「不躾《ぶしつけ》ですが、学内には大木先生が全ての実権を握っておられるので、反発する教授もいるという噂もあるようですが」

「教員の数が多いですから、なかにはいろんなことを言う人もいます。大木派なんてありませんし、何事も協議して決めています。それでも私の考えや方針に反対する人もいるでしょう。だからといって排除したりはしません。組織ですから、いろんな人がいて当然だと思っています」

大木とは初対面だ。初めて会う新聞記者に本音など言おうはずもない。通り一遍のやりとりをしながら、私は大木の言葉の端々から何かを探り出そうとした。温和な表情の奥に別の顔を見ようとするのは、新聞記者特有の深読みだろうか。

春木事件当時の法学部長は小林孝輔《たかすけ》だった。前後して法学部では学部長選挙をめぐる激しい争いがあった。小林はまず昭和四十四年（一九六九）七月一日から十日間だけ学部長代理を務めた。そして同十一日から十月九日までの三ケ月ほど学部長だった。その後、久保欣哉、日下喜一と、いずれも短期間、法学部長を務め、昭和四十六年（一九七一）十月に小林が再び就任した。春木事件はその小林学部長のとき、昭和四十八年（一九七三）二月に起きている。私は法学部の教授たちにも話を聞こうとしたが、小林学部長をはじめ、ほとんどの研究室には不在の表札がかけられていた。

「法学部は学部長がよく替わっていますね」

私の問いに、大木はこう答えた。

「少し前までクリスチャンコードというのがあって、クリスチャンでないと学部長にはなれなかったのです。そんなことも関係しています」

「小林学部長はクリスチャンですか」

「違うと思います。クリスチャンコード撤回後の学部長ですから」

朝日の記事が出る五日前の三月十五日に、小林が「腸炎」を理由に学部長辞任の届けを出していたという情報を、のちに私は入手するが、この時点ではまだ知らなかった。しかし、あと十五日待てば学部長の任期を全うできるのに、なぜ小林はその直前に辞表を出す必要があったのか。大木は小林の辞表を当然知っていたはずだが、何も言わなかった。

時計は午前零時近くを指していた。これ以上粘っても大木からは何も出てこないだろう。私は引けどきと思い、立ち上がった。一礼しながら、私は大木の表情をじっと窺った。

「またお邪魔してもかまわないですか？」

「どうぞどうぞ……でも事前に連絡してください」

大木は終始、穏やかな表情だったが、むろんその内面まではわからなかった。

五年後に大学関係者としては最高位の勲一等瑞宝章を授与された大木は、やはりなかなかの「人物」に見えた。大木の実績としては、二学部から六学部への増設などが挙げられる。また、世田谷のほか、四十九億五千万円の巨費を投じ、厚木キャンパスを開設している。このときは学内の大半が反対し、あるいは疑問を呈したが、大木は用地取得を強引に進めた。厚木キャンパスの用地十五万二千七百平方メートルの取得をめぐっては、さまざまな疑惑が囁かれた。用地取得の取引には

「地上げの帝王」と呼ばれた最上恒産の早坂太吉も関わったと噂されているが、証拠はない。後述するが、早坂太吉は春木事件にも深く関与した。

大木金次郎という「人物」

大木金次郎が学長のまま院長に就任したのは、昭和三十五年（一九六〇）一月のことだ。院長兼学長となった大木は、名実ともに青山学院で絶対的な権力を握り、自身の構想を実現するために動きはじめた。

この年は第一次安保闘争が全国的に展開した年である。五百八十万人が安保反対のデモに加わった。六月十五日には国会構内抗議集会で機動隊と揉み合うなか、東京大学文学部学友会副委員長の樺《かんば》美智子が圧死した。当時の青山学院は他大学に比べて穏健派が多かったが、過激派の動きがいつ飛び火するかと不安を抱いた大木は、「三公示」を通達した。

記

1. 本大学々生は全学連〔全日本学生自治会総連合〕への加入を禁止する。
2. 学内における政治的実践は許されない。学園は各種の政党から中立でなければならない。
3. 学生は授業に出席する学生を妨害したり、欠席を強要するいかなる手段をとってもならない。

昭和三十五年六月十七日　　大学長

「三公示」は、東大生の樺美智子がデモのなかで圧死した二日後に出されている。彼女の死で学生運動に目覚めた青山学院生も少なからずいた。そのような空気に大木が気づかないはずはない。学長にとっては必要不可欠なタイミングだった。

「三公示」の翌年四月、「青山の学生生活」という冊子に「学生の政治運動・学生の自治的活動」なる一文が掲載された。冊子には「大学は学問の研究とそれを学ぶ場で、政治運動をする場ではない。学生が団体を組んで活動をする場合、非常識な非合法なものになっても学生のやりたいままに放任して置くということは大学が責任を放棄したものです」などと記されていた。

六〇年安保後いったんは下火となっていた学生運動だが、青山学院では六年後の昭和四十一年(一九六六)から四十三年(一九六八)ごろにかけて、全学共闘会議つまり全共闘の学生が応援のかたちでキャンパスに入り込み、団体交渉や学園封鎖を行っていた。四十四年(一九六九)五月にはリンチ事件も起きている。

「三公示」について言えば、法学部教授の小林孝輔が学生会で声高らかに反対を唱え、速やかなる廃止を求めた。学生会には小林が自ら出向いたとも、引っ張り出されたとも言われている。小林は当時の学生側の「壁新聞」で「全国左翼学者」のトップに掲げられているが、実際は「左翼学者」でも共産党員でもない、憲法学が専門の普通の学者だった。小林は新聞社出身という噂もあり、同僚たちは「過激派学生たちへの対応がうまかった」と証言しているが、ともかく「三公示」は昭和四十三年(一九六八)に廃止された。

公示

本学学生は本学院の歴史と伝統を重んじ、その教育方針に基づく学則に従い、良識と責任を以って行動されることを期待する。これを信じ連合教授会の議を経て左の通り発表する。

一、昭和三十五年六月十七日附の公示（三公示）はこれを廃止する。

昭和四十三年十月十七日　学長

廃止の理由として大学当局は、「三公示」の趣旨が「学生間に行き渡った」などと曖昧な説明をした。学生や一部の教員からは「大学は反省していない。言葉の上の誤魔化しにすぎない」という非難の声が上がり、なお紛糾の様相を呈したが、結局、翌昭和四十四年（一九六九）一月五日の全教授会による「共同声明」を以て決着した。『青山学院大学五十年史　一九四九―一九九九　資料編』（二〇〇三）より引用する。

「三公示は、その制定時の意図はともあれ、学生をもっぱら強制的な管理・統制の対象とみなす考え方に立っていた点において、明らかに誤りがあった。そして三公示が学生の自治を圧迫し、学問研究の自由を侵害する結果をもたらした点も否定することができない。それにもかかわらず、それの変革のための有効な手段を取り得ずに今日に至ったことを、われわれは深く反省している。十一月三十日付の三公示廃止に関する解説は、不備・不十分な点を少なからず残してはいるが、しかし基本的立場においては、さきに述べた従来の三公示の精神の終焉を明確にしている。すなわち、そこでは学生の自治権を認め、また教員と学生とが相互に固有の立場を尊重しながら学内の多くの問題を処理する方向が明らかに指向されている。学問・研究・教育の自由は、現在においては、ひとり教授会の自治によって守り得るものではなく、自覚と総意に基づいた学生の自治との強い結合によってのみ確保し得るのである」

前年大晦日の学部長会で、大木は唐突に学長辞任の意向を明らかにしている。そして「共同声明」から二日後の一月七日、臨時理事会で正式に学長辞任を申し出た。大木が理事長の眞鍋頼一《よりいち》に伝えた辞任の理由が当日の「開催理事会記録」にあり、学長と院長の兼務は過重で、健康も損ねており、無理だと言っている。学長には学内から新任者を選び、自分は院長職に専念したいと。つまり学長は辞めるが、院長には留まると言っている。そして次のようにも言う。

「私が学長を辞めることにより多少とも、占拠している学生にも効果があればと思っております」

当時は全共闘の学生が乗り込んできており、運動のリーダー的役割を果たしていた。面倒な学生や教授会に直接対するよりも、「院政」を敷いたほうがいいと大木が判断したかどうかはわからない。大木は東京女子医大の中山恒明《こうめい》の執刀で胃の手術を受け、一ヶ月入院したことを述べ、そして、急激な時代の変革期には有能闊達な人材を新学長に迎えるべきだと言っている。また「三公示」も自身の発案ではなく、初代学長の豊田実、二代目の古坂嵓城《こさかがんじょう》、三代目の気賀重躬《けがしげみ》よりその精神を引き継ぎ、明文化したものだと説明している。

学生や教授会への対応に苦慮しながら以後、学長は村上俊亮《しゅんすけ》、大平善梧《ぜんご》、早川保昌《やすまさ》、石田武雄と目まぐるしく替わった。学長たちの学生への対応については、院長の大木が影で難色を示したこともあったという。院長と学長の間には確執もあったろう。

大木後の学長たちは学生側に絶えず「大衆団交」を求められた。各学部の教授会も学長の背後にいる院長を意識して何かと難癖をつけた。昭和四十四年（一九六九）六月九日付の大木の「所信」からは、当時の教授たちとの微妙な関係が伝わってくる。少し長くなるが、同じく『青山学院大学五十年史　一九四九―一九九九　資料編』より引用する。

「私が村上新学長にバトンを渡してから後にでも私が本大学の人的支配体制を強化していると非難しておられるむきがありますが、なにを根拠としてそのような想像をしておられるのか私は理解に苦しむものであります。私は学長を辞任後ただ一人の教職員も大学に入れてはおりませんし、職場替え人事を行つてもいません。院長の命令や依頼によつて、ただ一人の教員も大学の教授会や各種の他の公けの会合で発言している方がいないことは皆さんが一番よくご承知のはずです。ある教授会などで私が非難されておりましても、これを弁護してくださる方々は、平常私と特別に親しくしている方ではなく、全く善意の立場から発言して下さつている方々でありまして、もし私の命令や依頼による発言であれば、諸先生方にはすぐおわかりになる筈だと思います。いづれにしましても私は村上学長の方針についてあらゆる支持と協力を惜しまないことは、前に申し述べました通りであります。

私は平凡な一学究にすぎません。この学園のなかに政治的な派閥をつくつたり自分のサークルなどを組んではおりません。私は学長に在任中、ひたすら毎月曜日に開いておりました学部長会をたよりにして大学の運営をしてきました。大学規則のなかでは学部長会は学長の諮問機関にすぎません。しかし私はこの学部長会を最も重要視して、学部長会に問題の大小を問わず協議してきました。ある場合には私の考えを通すし、他の場合は学部長の意見に私が従つて私の考えを変更したりして、約十ヶ年もの間和気あいあいのうちに過してきましたので、私が独裁者であつたように非難するのは全く当をえていないと確信しています。学長はいちいち各教授会に出席して専任の先生方と意志の疎通をはかる時間がありませんので、毎週月曜日の学部長会で協議された事項、また教授会から学長に提案されることなどは、凡てこの学部長会議を通して行われている筈でありますが、この学部長会の機能を生かして学長と教授会とのコムミユニケーションが十分に行われていなかつたことを昨年の末ごろから知るようになつて私は驚き、かつ責任を感じまた落胆いたした次第であります。これは勿論学部長諸氏をせめようとしているのではありません。結局は私の行政能力の欠如ということに帰するものと思つているのです」

ほかにも大木は、学長が目まぐるしく替わるなか、「諸先生にご理解を願いたいこと」などを繰り返し発言している。

学長を退いた大木は昭和四十四年（一九六九）九月、約三ヶ月間にわたり渡米した。『青山学院大学五十年史』には次のとおり記されている。

「学内が騒然としているときに、大木院長は政府代表民間人として国連総会に出席するために、一九六九年九月一九日にニューヨークへ渡る。渡米期間は国連総会の期間中の約三カ月間で、大木院長の帰国は、学院が落ち着きを取り戻した一二月二九日であった」

すでに学長ではなかったが、現職の院長だ。一週間や十日ならともかく、青山学院の総責任者として三ヶ月は長すぎる。ほとんどの学部の教授たちが非難の声を上げた。しかし学長ではなく院長では、理事会を通さなければ面と向かって何も言えない。法学部では、他学部と足並みを揃えて合同教授会に大木を呼び、三ヶ月に及んだ渡米の理由を糾《ただ》すべきだという小林らの意見が多数を占めたが、実現しなかった。大木は小林が「院長糾弾」の先頭に立っていたと側近より聞かされている。

三年後、昭和四十七年（一九七二）六月一日付で、大木は院長に四選された。「青山学報」六十五号に、大木が「院長に四選されて」という一文を寄せている。その主張がよくわかるので引用する。

「このたび院長に選出されてとくに思いとまどったことは、私の院長兼大学長在任中に大学紛争が起り学院にたいして精神的ならびに物質的な大きい負い目をおわせたことであります。そのことにたいする深い陳謝の念を禁じえませんでした。本学の大学紛争は大学の順調な発展を阻害し、さらに全青山学院の成長の上にもかなりの障害となったことと思いますが、重大な責任を感じております。

勿論、大学紛争の誘因となったものは、世界情勢の急激な変化と戦後の日本における政治、経済および社会の体制の上に露呈された各種の矛盾や進歩の停滞にたいする戦後派的イデオロギーをもつ妄信的な若い学徒たちの欲求不満が大学の中に顕示されたことは、各大学の騒擾《そうじょう》に共通的な現象でありましょう。しかし本大学の場合にはその最高責任者としての私の学校行政や運営にたいするいわば私の個性的な性格から生れるものへの不平や不満の発露により学生騒動がさらに尖鋭化した場面もあっただろうと思っています。また本学はキリスト教主義大学としての特殊な学園でありますが、その特殊の宗教的な学園の性格が、少数の教師や学生たちによっては必ずしも妥当に理解されてはいなかったようであります。つまり比較的最近に就任した教師たちによって学生の斗争姿勢が意識的にあるいは無意識的に使嗾《しそう》された事実を証明することは、さほど困難ではないのでありま す。しかしいずれにしましてもまことに遺憾なことであると思っています。しばしば大学紛争は学生による斗争ではなく、多くのばあい教師によって惹き起こされたものであるといわれています。イデオロギーの相違する教師間の斗争または出世主義的自意識の過剰な不満教師らの野望的利己主義に起因する経営権の奪取をねらうものたちによる大学斗争であるばあいも少なくないのでありま す。本大学のばあいにおいて紛争の系列のパターンはどれであるかは、学内におる人々には容易に知り得るものと思っております。〔中略〕

しかし、どうあっても現院長によって断乎としてとりあげられなければならない事柄があるのです。それは青山学院の将来が青山学院の建学者の精神から全く乖離《かいり》する学園となる憂いのある重大な事実認識をすべきであるということであります。目下のところ、世評によれば青山学院大学は『キリスト教の解放区』となっているとキリスト教主義学園の多くの神学者たちやキリスト教会の多くの牧師たちが公然と語っていること、およびこの世評を簡単に打ち消しえない状況に追い込まれつつあるという事実であります。私はこれほど青山学院にとって屈辱的なことはないと感じておるのです」

大木はそう説いたあと、大学紛争がなかったら青山学院は私大の「白眉」にもなり得たと述べ、今後の道標について考えてほしいと訴えている。いかにも大木らしい自説の展開だ。

法学部内のしこり

大木は昭和四十九年（一九七四）十一月には理事長代行に、翌年六月には理事長に就任した。むろん院長との兼務である。以後、大木は平成元年（一九八九）八月に死去するまで院長兼理事長という要職を貫いた。つまり昭和三十五年（一九六〇）から平成元年（一九八九）まで二十九年間にわたり学長、院長、理事長の立場で絶大な権力を振るった。さらに文部省の私立大学審議会長、日本私立大学連盟会長、キリスト教学校教育同盟理事長などの要職も歴任した。

その存在の大きさが、知らず知らずのうちに「影」の部分を広げ、大木独裁体制への不満を醸成させたことは否めない。「大木天皇と言う人もいたが、私は大木ヒットラーと呼んでいた。亡くなるまで全くの独裁体制だった」と私に語った当時の教授もいる。

戦後、青山学院大学は昭和二十四年（一九四九）四月一日に文学部、商学部、工学部で発足している。なお工学部は翌年四月一日に関東学院大学に譲渡されており、文と商の二学部体制がしばらく続いた。関係者に言わせればいつも問題の「火種」となる法学部は、昭和三十四年（一九五九）四月に定員百名で発足している。六〇年安保の前年だ。設立に際しては大木が一橋大学法学部の助力を求めている。

「初代の法学部長は学部の創設に関わった大木学長が兼務したが、半年後には久保岩太郎教授が交代し、同教授は八年間にわたって学部長職を務めた。その後再び大木学長が学部長職を兼務したが、実質的には杉村章三郎が『学部長代理』の肩書で事務を処理している。これは杉村が『ノンクリスチャン』であったためである。学部長は信仰上も学生を指導する立場にあるため、クリスチャンでなければならない、という建学精神に由来した制約〔クリスチャン条項〕に服した帰結である」（『青山学院大学五十年史』）

昭和四十二年（一九六七）十月に法学部長選挙が行われているが、翌年三月には定年制が敷かれ、創設以来の古参教授たちがいっせいに退職することになっていた。当時、学部長の有資格者、つまりクリスチャンは春木猛ただ一人だった。当然、春木は立候補した。ちなみに同年四月に専任講師となった須々木斐子は、春木に一票を投じている。

ところが小林孝輔ら若手教員が反発し、一橋から来た古参教授にも呼びかけ、予想外の「白票」を出した。春木は三分の二の支持を得られなかった。この結果、院長の裁定に持ち込まれ、大木が兼務することで学部長選挙は決着した。春木は手記で次のように記している。

「当時の法学部は七十、八十といった長老教授たちで埋められていたが、次の年の三月で総退陣が決まり、そこでその前年の十月に法学部長交代を目指して選挙が行われた。二回繰り返しても白票三票が残り、そのために私は当選しなかった。長老教授たちからは私が推薦を受けていたが、若手組や英米文学教授なども加担し、何処かの温泉に籠って策略を練ったらしい。他に長老教授三人もゲバ派に加わり、結局出ないで済むはずの六票という白票が出た。激論数時間の後、条件付き投票を行い、フタを開けた結果、現学部長兼理事長〔大木〕の兼任ということで、誤魔化しの結論が出されていた。要するに謀略に次ぐ謀略であった」

春木は不満だった。再選挙か、三分の二の支持はなくとも、多数票を獲得しているのだから、大木の判断で自分を学部長にすることも可能だったはずだ。しかし大木はそうしなかった。大木は春木を学部長にするのと、自分が兼務するのと、大学にとってどちらにメリットがあるかを天秤にかけた。大木は自分が兼務するほうが運営しやすいと判断した。春木は青学生え抜きだが、いつも一人で行動し、孤立していた。春木を積極的に推す者は少なかったのだ。その後、クリスチャンコードが撤回され、小林が法学部長に当選したことは前述のとおりである。

法学部内の勢力争いは決着がついたようなものだが、春木と小林の間にはしこりが残ったはずだ。春木は学長の石田武雄に近づき、「英語の青山」を標榜しての「国際部」設立に注力していく。小林学部長ら反春木派にしてみれば面白くなかったろう。なお、ここで言う「国際部」は、現在の「国際政治経済学部」とは異なる。学部でも大学院でもなく、留学を希望する学生を対象に英語で講義を行うことを春木は考えており、石田も基本的に支持していた。

しかし昭和四十八年（一九七三）三月三日、春木は逮捕された。事件は三月二十日の朝日新聞のスクープで世に知られるところとなった。小林の学部長職の任期は三月末までだった。大木金次郎の自宅に行った翌日か翌々日、私は渋谷警察署の裏にある町田和夫署長の官舎に夜回りをかけた。

手応えなき取材

渋谷警察署署長の町田和夫は、風呂上がりの浴衣姿で、足の爪を切っていた。たとえ夜回りの新聞記者であっても、失礼な態度だ。警視庁クラブの顔身知りの記者ではなく、初対面の遊軍記者だと思ってなめているのか。しかし突然行って官舎に入れてくれただけでもよしとするか。

目の前に普通の電話機と、「警電」という警察内部だけの通話で用いる電話機が並べられていた。

警視庁および都下の各警察署の主だった部署や幹部宅の内線番号表がある。私に閃くものがあった。

「ちょっとお借りしますよ」と、素早く「警電」の受話器を摑み、内線番号表にあった警視庁警務部長席のダイヤルを回した。夜の九時を過ぎている。相手はすでに退庁して席にいないかもしれない。ここは賭けだ。呼び出し音のあと、相手はすぐに出た。聞き覚えのある声だ。警務部長は自席にいた。私は自分の名と、青学の事件で渋谷署長の官舎にいる旨を告げ、「ご無沙汰してます。近いうち警視庁に行きますので、一度ご挨拶に伺います」と一方的に言って「警電」を切った。町田を前に一芝居打ったのだ。

「あなたは警務部長を知っているのか」

「大阪社会部で府警本部を回っていたころ、彼は捜査二課長でした。タクシー汚職とか特許庁汚職事件がありました。そのとき夜討ち朝駆けで親しくなりました。親睦会でも和気藹々でした」

警務部長と言えば、警視庁では総監、次長に次ぐ三番目のポストだ。人事を一手に握っており、渋谷署長のクビぐらい簡単にすげ替えられる。キャリアの彼は当時、警察庁長官か警視総監候補の一人と言われていた。案の定、町田は態度を一変させた。

「あの事件は起訴になるでしょう。大学の先生が自分の研究室に学生を連れ込んだのは事実なんですから、いくら本人が否定してもダメでしょう。強姦も和姦もないですよ。そうは思いませんか」

言葉つきは丁寧だが、町田は断定的だった。

さらに数日後、私は春木の同窓で、アメリカの大学でも一緒だったという金瀬薫二《かなせくんじ》弁護士の自宅を田園調布に訪ねた。金瀬は名刺を交換するや「この事件はどうやらいろんな背景がありそうで、まだほとんどわかりません」と言った。何かを隠している様子もなく、温厚篤実で真面目そうな老弁護士だった。

金瀬は事件が表面化する直前、春木に依頼されて女子学生側の弁護士や、最上恒産社長の早坂太吉にも会っている。春木には「相当、性質《たち》の悪い相手だ。長く弁護士をやってきたが、あのような人物には会ったことがない。交渉は難しくなりそうだ」と報告している。

また、ようやく会えた学長の石田武雄からは、朝日の「学長の話」の域を出ない無難な話しか聞けなかった。あえて言えば、春木に対して冷淡な印象だった。石田は東大工学部卒で運輸省、国鉄のOBである。

後悔先に立たずだが、法学部長の小林孝輔には、自宅に押しかけてでも会うべきだった。前述のとおり、その時点で小林は学部長辞任の意向を示していた。なぜ辞表を出す必要があったのか。後日、仮釈放された春木が入手した情報によると、「小林学部長は同氏の一派数人と記事の出る前夜の十九日から甲府の湯村温泉に逃れていた」という。しかし、真偽はわからない。

渋谷署の取調室

朝日のスクープの十七日前、昭和四十八年（一九七三）三月三日、雛祭の日の午後、東京の街はどんよりと曇っていた。まだコートを手放せない寒さだった。春木猛の手記や証言などからその日のことを再現する。なお、朝日のスクープ記事は「被害者」を「A子」としているが、本書では実名に即し、以後「A・T子」あるいは「T子」と記す。

青山学院大学法学部の春木猛教授は、三田の慶応大学の正門を出たところで二人の中年男に呼び止められた。風采の上がらぬ男たちではあるが、しかし眼つきは鋭かった。

「春木先生ですね」

一人が尋ね、コートから黒い手帳を出し、春木の鼻先に突きつけた。

「ご同行願います」

「何の用ですか」

「一緒に来てもらえばわかります」

「急いで大学に帰らなければなりません。会議があります」

「こちらを優先してください」

有無を言わせぬ響きがあった。

その日は午前中から、春木は慶応大学の法学部教授と学会や人事に関する協議をした。大学の食堂でランチをともにし、打ち合わせを終えたばかりだった。午後は三時から会議がある。話が長引き、急いでいた。そこへ二人の男が道を塞ぐように目の前に立ちはだかった。警察手帳だとは気づいたが、心当たりはない。正門の少し先に国産車が一台停まっていた。二人は春木の両脇を抱えるようにして、急いで車に乗せた。

やや強引すぎる、これはおかしい。いったいどういうわけだ……。

「君たち、所轄署はどこだ。私の意思に反して連行するからには、令状を見せなさい。私は身分もはっきりしている」

「すぐ着きますから、そこでゆっくり話を聞きましょう」

春木は二人に挟まれ、後部座席に座った。警察車両ではなく、一般の地味な乗用車だった。映画かテレビドラマでこんな場面を見たような気がする。今まさに同じことが行われていた。

三十分も経たないうちに渋谷警察署の裏庭に着いた。降ろせと途中で叫ぼうとしたが、声が出なかった。両脇の刑事らしき二人は無言だった。何も言わないが、何か得体の知れない圧力を感じた。

渋谷署では二階の奥の一室に連行された。殺風景な六畳ほどの部屋である。机を挟んで奥に一つ、手前に二つ椅子があった。春木は奥の椅子に座らされた。取調室だった。

「持ち物はすべて机の上に置きなさい。財布も手帳もだ。ネクタイを取って、ズボンのベルトも外しなさい。すべて出したら、横の籠に入れなさい」

刑事らしき男の一人は三十代半ば、一人は四十代に見えた。あとからもう一人入ってきて、何か囁くとすぐに出ていった。春木はベルトを外せと言われたとき、屈辱感を味わった。まだ身柄拘束のための令状も見ていないし、容疑も何も聞いていない。春木は動転していた。

「君たちは、私をどうするつもりなんだ」

「住所、横浜市港北区日吉町四四一。春木猛。六十三歳。職業、大学教員。間違いないな」

刑事らしき男たちの言葉つきも表情も一変していた。

「センセイよ。あんたT子という学生を知ってるね」

「教え子だ」

「その教え子を研究室に連れ込んで暴行したな。教え子には勉強以外にも教えてやるのかね。それが大学のセンセイのやることなのか。刑法百七十七条に『強姦の罪は二年以上の有期懲役に処す』と定められている。六法全書を見てみるか。あんた法学部のセンセイだろ。お前さんのやったことはこれに該当するんだよ」

一人が逮捕令状だと言って、一枚の紙をチラっと見せた。春木は耳を疑った。T子とのことは誰も知らないはずだ。しかも合意の上である。どうして――。

「強姦なんかしていない。T子とのことなら、合意の上だ」

「バカ言うんじゃないよ」

一人が机の抽斗《ひきだし》から何かを取り出した。

「どうだ。これだけ証拠が揃っているんだ」

告訴状、上申書、告訴補充書、供述調書、ほかに医師の診断書二通、破かれた女性の下着類。これらの書類と証拠物が、春木の目の前に突き出された。そのときのことを、後日、保釈された春木は、友人に宛てた手紙で具体的に記している。

「驚いたことには、刑事の手もとに書類がみんな揃っていたのです。どうしてこんなに早いのでしょうか。書類ばかりか引き裂かれた女のスリップ、下着類まで揃っており、初めから私を黒と予断し、勢い込んで私を待ち構えていたのでした。それから後は執拗に私に自白を要求し、三人の刑事が代わる代わる私を訊問し、私は疲労の極に達し、しまいには腹を立てる気力も失ってしまいました。いわゆる精神的拷問です。この民主主義の人民主権の時代に、一歩警察の門をくぐれば、あとはもう昔ながらの、拷問によって自供を強制される地獄のような世界でした」

取調室で、春木は訴えた。

「T子の供述調書を見せてください。いったい彼女が何を言っているのか。とても信じられない」

「バカなことを言うな。見せられるはずないじゃないか。お前さん、法学博士だろ。被害者の訴えを、裁判にもなっていない段階で、被疑者に見せられないことぐらい知っているだろう。今日はここまでだ。さあ立て」

再びもう一人が加わり、取調室から出るよう促した。

「私がここにいることを大学や家の者は知っているのでしょうか」

「うん。そのうちにわかるよ」

そのまま春木は渋谷署の地下にある留置場に入れられた。

食い違う視点

春木猛は法学部に所属し、英語と国際法を担当するほか、学部の枠を越えて「スピーチ・クリニック」という英会話の授業ももっていた。文学部教育学科四年のA・T子も英会話習得のために春木の「スピーチ・クリニック」を履修していた。春木やT子の供述調書および裁判記録などによると、二人が初めて言葉を交わしたのは、昭和四十八年（一九七三）二月二日となっている。

「私が校庭を歩いていると、後ろから彼女に呼び止められ『私は就職が高島屋に決まり、外人との折衝をする部署に配属になります。つきましては英語や外人との付き合い方など、いろいろ教えて頂きたいのですが、会っていただけますか』と言います。私は今忙しいからといって断ったのですが、彼女はどうしてもと、引き下がりません。仕方ないから『それでは昼食の時間を利用しよう』と二月九日金曜日に喫茶店レバンテと場所を決めました。

彼女は私の教室の中では孤独で、親しい友人もなく、服装の地味な学生でした。しかし昨年十月と十一月の二回、なぜか、突然派手なワンピースを着て、口紅を濃くぬり、私がよく見える席に着いていました」

これはあくまでも春木の言い分である。

百八十センチという長身の春木は、黒いフレームの眼鏡がグレーの頭髪によく似合っていた。流暢な英語を随所で使うキザな男だったが、確かに「英語の青山」の看板を背負っているという誇りがみなぎっていた。そんな容姿で女子学生には人気があったが、一部の同僚には敬遠されていた。

一方、T子は「二月二日」の状況を次のように捉えている。一度も話したことがない春木にキャンパスで呼び止められ、こう言われた。

「あなたはグレースフルという言葉を知っていますか。ビューティフルとかノーブルとかいろいろ言葉もあるけれど、あなたはグレースフルという言葉が相応しい人だ」

T子の身長は百六十三センチで、当時の女性としては背が高いほうだ。とはいえ春木とは二十センチ近く差があり、T子は少し見上げるように相対した。逆に春木は下を覗き込むような姿勢になった。いずれにせよ二人の姿は目立ったことだろう。

一週間後の二月九日昼、春木とT子は大学近くの「レバンテ」でランチをともにした。春木の視点では、テーブルに着いたとき、T子は「二日に偶然先生にお会いして、私の名前も覚えていて下さり、ランチにも招待していただいて、とても嬉しいわ」と言ったことになっている。一方のT子は「そんなことは言っておりません。終始固くなっていました」と反論している。

九日の昼食後、二人は翌々日の十一日に表参道のユニオン教会前で会う約束をした。日曜日で、しかも建国記念の祝日にである。春木が誘ったようだが、嫌ならT子は断れたはずだ。

約束の十一日、T子は一時間近く遅れた。春木は辛抱強く待った。それほど親しくもない女子学生を一時間待ったのは、やはり下心があったと見られても仕方がない。

そのとき撮影された写真が、事件から七年後、昭和五十五年（一九八〇）の「サンデー毎日」五月二十五日号に掲載されている。連続七週にわたる特集「事件7年目の暗部摘出！　春木青山学院大教授事件　女子大生暴行　7つの疑惑」の初回「春木教授事件の〝陰謀〟」と見出しを掲げた記事のトップページで、目線を入れられたT子が手袋を手に微笑んでいる。全身を収めたT子の写真からは、がっちりした体格がよくわかる。春木がユニオン教会の前で撮影し、後年「サンデー毎日」に提供したものだ。

T子によると、近くのレストランでの昼食後、店を出たところで春木から「レポートの採点を手伝ってほしい」と言われた。T子はとっさのことで断れず、春木について行った。そして「特別室」に入るなり突然、春木に後ろから抱きしめられ、下着を無理矢理剝ぎ取られそうになった。驚いたT子は必死で抵抗し、春木の行為は止んだ。春木は「もう二度としない」と謝った。朝日のスクープでは『わるいことをした』と床に手をついてあやまった」。にもかかわらず同日、春木は、今度は「五号館五階」の「研究室」にT子を連れ込み、さらに激しく乱暴した。

第一の現場である「特別室」は一号館三階「一三六号教室」または「スピーチ・クリニック・オフィス」とも呼んでいた。その第一の現場「特別室」と、第二の現場「五号館五階」の「研究室」はむろん建物が違い、約百メートル離れている。強姦未遂に遭った女子学生が、その後逃げもせず、言われるがまま別棟まで、のこのことついて行くものだろうか。春木の証言では、第一の現場から第二の現場まで、二人は肩を組み合うように歩いている。しかしT子の証言によれば、その第二の現場で、再び「乱暴」されたことになる。T子は同様の被害に遭うために、わざわざ第二の現場へ向かったのか。

第二の現場「研究室」には大きな本棚があった。はみ出した本や雑誌の類が脇に積み上げられていた。その横にはソファベッドがあった。T子によれば、春木はアメリカの猥褻な雑誌を取り出して見せようとした。T子は素知らぬ顔をした。猥褻な雑誌はアメリカから持ち帰ったものらしかった。「女性は猥褻本など見せられても嫌悪感を抱くだけですよ」と須々木は私に言ったが、そんなこともわからぬほど春木は見境をなくしていたのか。

エロ本を見せても反応がないと知るや突然、春木はT子をソファベッドに押し倒したという。渋谷署でのT子の供述調書には、次のような証言が残されている。

「いきなりその上に私を押し倒し、身体を押さえつけたまま、ワンピースの背中の下へ手を入れてパンティストッキングを脱がせにかかりました」

「足で蹴るなどして抵抗する私を、いきなり左手で頬を二、三回強く殴り、さらに首を絞め、野獣のような目をして荒い息を弾ませながら乱暴したのです」

一方の春木は、途中からはむしろT子のほうが積極的だったと反論している。

法学部の研究室は五号館の五階に集中していた。春木の研究室はエレベーターを降りてすぐ横にあった。向かいには管理人室があり、中年の女性職員が常駐していた。二月十一日は日曜かつ祝日で管理人は不在だったが、他の研究室には教員が出入りしていた。そのような状況下で、抵抗する女子学生を「研究室」に連れ込むことなど可能なのだろうか。第三代学長気賀重躬の息子で平成三十年（二〇一八）の現在は名誉教授の気賀健生《たけお》も須々木斐子も、当時を知る者は揃って「不可能だ。そんなことはできない」と証言している。また、叫び声や物音は必ず外へ漏れるから、研究室内での「一方的な行為」は考えられないとも言っている。二人の研究室も同じ五号館にあった。須々木の研究室は春木と同じ五階だった。

第二の現場で再び強姦されたと主張するT子の、その後の行動にも私は納得できない。T子は直後、「野獣」と化したはずの春木と肩を並べ、キャンパスを出た。陸橋を渡り、渋谷駅近くのレストランに入って食事をした。デザートにはアイスクリームを食べた。アイスクリームを食べながら、春木が独り言のように「さて、この次はいつ会うかな」と呟いた。T子は「FEB 13 5.00PM」と記したメモを春木に渡した。このメモも物証の一つとなっている。そして二月十三日午後五時過ぎ、約束どおりT子は「研究室」に現れ、二人の間では同じようなことが行われた……。

二月十三日についても、T子は一方的に暴行されたと言っている。T子によると、午後五時半ごろ、必死に研究室を逃げ出し、無我夢中で渋谷駅まで歩いた。その後、再び青山学院の正門まで戻り、午後七時に待ち合わせをしていた中尾栄一代議士の車に乗った。このT子の行動については、中尾の秘書だった依田尚子が、車で出迎えたことを公判で証言している。しかし「秘書」の証言をそのまま信じるわけにはいかない。客観的に見ても信憑性が薄い。

中尾との関係および待ち合わせの理由を、T子は次のように説明している。

「人を介して子どもの家庭教師になってほしいと頼まれていたのです。急に頼まれても困るので、お断りしたのですが、是非にと言われるのでお友達を紹介しました。そのお友達と一緒に食事をしようと誘われていたのが、その十三日夜だったのです」

関係者への取材によれば、中尾はOBの政治家としてしばしば大学に顔を出すうちに、体育局でアルバイトをしていたT子を知り、自ら声をかけて近づいたという。ちなみに中尾の秘書だった依田尚子も青学出身だ。依田の旧姓は石井で、当時は二十九歳だった。中尾は政治家として母校の名誉職に就きたがっていたが、自身の希望に向き合おうとしない大木体制への反抗を画策していたという噂も学内にはあった。

中尾栄一は昭和五年（一九三〇）一月に甲府市で生まれている。実家は仕立屋だった。甲府一高から青山学院大学文学部に進み、二十九年（一九五四）に卒業。四十二年（一九六七）に三十七歳の若さで衆議院議員初当選。春木事件から四ヶ月後の四十八年（一九七三）七月に自民党青嵐会を設立して座長就任。六十二年（一九八七）十一月に竹下登内閣の経済企画庁長官として初入閣。平成二年（一九九〇）十二月に海部俊樹内閣の通産大臣。しかし若築建設からの六千万円の授受が発覚。十二年（二〇〇〇）六月の衆院選で落選。東京地検が六千万円の受託収賄容疑で逮捕。政治生命は尽きた。以後、中尾の足どりは消える。秘書だったという人物が東急田園都市線の沿線でテニスクラブを経営しているとの情報を掴み、私は探し出して面会を求めたが、断られた。

目撃情報

昭和四十八年（一九七三）三月三日に逮捕された春木猛は、四十八時間後の五日に拘留請求を受け、まず十四日まで拘置された。そして翌十五日から二回目の拘留を受け、その満期となる二十四日、東京地方検察庁に「強制猥褻」「強姦致傷」の容疑で起訴された。東京地方裁判所での第一回公判は七月六日だった。九月十四日は第四回公判で、この日は青山学院の一般教育課長だった岡野勇治が出廷し、証言している。裁判記録などを整理し、春木側の弁護士や検事の、岡野およびT子とのやりとりを再現する。まず弁護人Kと岡野のやりとりを記す。

「二月十三日火曜日、あなたは学校を出るとき、春木教授と構内で会っていますね。それは何時ごろでしたか」

「入学試験の準備でとても忙しかったのですが、私は老人ですから皆に勧められ、先に帰ることになりました。そのことは私の日記にも書いてありますから確実です。それで七時前に事務所を出ました」

「七時前にあなたは八号館を出て、ロックアウト中で西の通用門が閉まっていることに気づき、仕方なく正門のほうへ回ったのですね。学外へは正門からしか出られなかった。その途中で春木教授に会ったのですか」

「はい。西門が閉まっているので正門のほうへ行こうとしましたら、法学部の建物から春木先生が婦人と歩いてこられました」

「婦人は一人ですか」

「はい、一人です。先生に西門からは出られないと申しました。そちらは駄目です、正門だけですと申しまして、三人で並んで正門に向かいました」

「そのとき春木先生の連れの婦人は、そこにある黄色いスラックスをはいていたでしょうか。見覚えがありますか」

「はい、はっきり覚えております。婦人はその真黄色の鮮やかなスラックスをはいておられました。正門のくぐり戸を守衛に開けてもらい、春木先生が先に出られ、そのあとが連れの婦人で、私が最後でした」

二月十三日、T子は鮮やかな黄色のスラックスをはいていた。証拠物として法廷に提出されたそのスラックスを、岡野ははっきり覚えていたわけだが、出口をめぐる経緯について、T子は渋谷署でこう供述している。

「私は春木先生の暴行恥辱に耐えきれず、十三日の夜六時頃、独りで先生の研究室を逃げ出しました。正門は閉まっているので西門の通用口から外の道路へ出まして、七時に中尾議員と会う約束になっていましたが、まだ一時間もありましたから駅の方をぶらついて時間を消していました」

T子の供述は岡野の証言とも食い違う。二月十三日「夜六時」の「西門」はロックアウト中で閉まっていたはずだ。

弁護人Kと岡野のやりとりに戻す。弁護人Kはさらに踏み込んで岡野に訊いている。

「そのときの春木氏と女性とはどんな間柄に見えましたか」

「ごく普通でしたね」

「たとえば非常に疎遠な、遠慮がちな間柄なのか、それとももっと親密な間柄なのか。あなたはどう感じましたか」

「親密と言いますかね、和気藹々と言っては極端ですが、私としては『おやっ』という感じはいたしました」

「親密な間柄に見えたということですか」

「親密と言えば少し極端ですが、要するに疎遠ではないということです」

「二人の間に何か、諍《いさか》いの直後といった感じはありましたか」

「そんなことは全然、感じられませんでした」

この約半年前の三月二十一日、岡野は渋谷署に呼ばれている。何枚かの女性の写真を前に、「二月十三日に春木教授と一緒だった人がいるか」と問われ、ためらわずT子を指さしていた。

弁護人の次に検事が立って訊ねた。

「あなたは春木被告と校庭で会ったと言いましたね。それは二月十三日だったと言いましたね。十三日と断定できますか」

「はい、できます」

「何によって断定できるのですか」

「その日は入学試験の用紙の区分けをするので、私の部下は徹夜になるかもしれなかったのです。

私は老人だからというので、先に帰らせてくれました。それが十三日で、私の手帳にも書いてあります」

岡野の証言は明確だが、後日、検事は守衛を呼び出し、正門を出ていったのは春木一人だと言わせている。岡野の証言は無視された。

別の日の公判でT子は、春木の弁護団から岡野に会った二月十三日のことを訊かれている。

「あなたは六時前に研究室を逃げ出したと言っておられますが、実際は七時ぎりぎりまで先生の研究室にいたのじゃありませんか」

「いいえ違います。私の言うことを信じてください」

「先生の研究室を七時ごろに二人で並んで出たのではありませんか。そして二人で校門のほうへ歩いた。その途中で一般教育課長の岡野さんと偶然、一緒になった。春木と岡野さんは二人で気候の話などをしながら、校門の外まで行った……」

「そんなこと、知りません」

「しかし岡野さんも、確かに三人で並んで正門のほうへ行ったと証言していますよ」

「人違いです。私ではありません」

T子はどこまでも知らぬ存ぜぬを通し、また人違いだと撥ねつけてもいる。これが嘘なら偽証罪である。だがこのときは、裁判官は何も発言しなかった。

バレンタインデーのチョコレート

不可解なのは、二月十四日のT子の行動だ。二月十一日に続き、十三日にも暴行を受けたというT子は、翌日の午後一時過ぎにまた春木を訪ねている。だが一号館三階「一三六号教室」つまり「特別室」に春木の姿はなく、助手のO・Hだけが何やら忙しそうにしていた。約一時間後にもう一度覗くと、やはり春木は留守だった。T子が春木の予定を尋ねると、O助手は振り向きもせず、そのうち来ると答えた。なぜ一日に三度も春木に会いに来たのか。体育局でアルバイトをし、学内をよく行き来していたT子は、O助手とも「顔身知り」だった。後述するが、O助手とT子はただの「顔見知り」ではなかった。

三度目に「特別室」に来たT子は春木に渡すよう、大学名が印刷された大きな封筒をO助手に託した。二つ折りにした封筒の中身は、チョコレートと「to my dear T.H　Happy Valentine to you from T子」と記されたカードだった。カードにはT子自らが描いた、四つ葉のクローバーを咥《くわ》えた小鳥の絵も添えられていた。春木も言うように「バレンタインのチョコレートは特別な感情のある人」に贈るものだ。T子自筆のカードは、春木が「私に愛情を抱いていた証拠」として東京地裁に提出している。「愛情」はともかく、好意は抱いていたと言っていいのではないか。

O助手に「チョコレート」を渡された春木は午後三時過ぎ、体育局への内線電話でT子に礼を言っている。春木の視点を記す。

「こんなものを貰ったのは、僕は生まれて初めてだよ」

「教育実習のときのビデオフィルムを明日十五日の午後二時から先生の特別教室で再生しますから

是非見て下さい」

T子は呟くように、さらにこう告げた。

「私は、体育局から二時間の休憩をもらいました。ビデオはほぼ一時間で終わりますから、後の一時間は私、先生とご一緒します」

これはT子からの「誘い」だったと、春木は手記で明かしている。

繰り返すが、二月十一日と十三日に自身を犯した男に、直後の十四日にバレンタインのチョコレートなど贈るものだろうか。しかも「親愛なる」と記したカードに自筆のイラストまで添えている。

渋谷署での供述調書によれば、この疑問に対するT子の弁明は次のようなものだった。

「春木に二日間にわたって辱めを受けたことについて、このような不快な出来事はこれで終わりにしたいという気持ちで、心のけじめをつけるために届けたものです」

この説明には、さすがに刑事も納得しなかった。

「あなたを辱めた男に対して品物を届けるという気持ちはよくわかりません。これでおしまいにしたいということはどういう意味ですか」

だがT子は「先ほどお話した通り、これで終わりにしたいという気持ち以外に他意はありません」と答えるばかりだった。刑事は不審に思いながらもT子の言うとおり記録し、それ以上追及しなかった。T子は警視庁捜査一課の警部補にも同じ疑問を投げかけられているが、これにも「もうあんな嫌な思いは終わりにしたいので、けじめをつけるために」渡したと供述している。

同警部補への供述によれば、T子はチョコレートを「大学の近くのスーパーで五枚買い、二枚は義兄に二枚は高校の頃の友人に、残りの一枚を春木に」渡したという。しかし、二人の義兄にチョコレートを届けたのは翌十五日だった。それは春木以外にもバレンタインデーのチョコレートを贈っていたというエクスキューズとしか思えない。捜査一課や渋谷署の刑事はなぜT子をさらに追及しなかったのか。捜査一課の別班にいた親しい刑事にそれとなく聞くと、彼はこう囁いた。

「上から何か圧力がかかっているんだよ。チョコレートに関するT子の弁明は、確かに筋が通らない。刑事なら誰もが徹底的に突くところだ。しかし起訴に持ち込むことが暗黙の了解なんだ。ほかの調書も辻褄が合わないものばかりだそうだよ」

バレンタインデーの翌十五日は「教育実習のときのビデオフィルム」を二人で見て、「後の一時間」も春木と「一緒」に過ごすはずだったT子は、この件を警察に明かしていない。

招かれざる客

二月十五日午後二時過ぎ、春木は一号館三階「一三六号教室」でT子が来るのを待っていた。ドアがノックされ、O助手が慌ただしく連れてきたのは、しかしT子ではなく見知らぬ四十年配の、「与太者ふう」の男だった。

前年末には学生のストライキがあり、また入学試験と卒業式も迫るなか、大学はロックアウトされていた。教職員でも身分証明書を提示しなければ構内には入れなかった。広い敷地には二十余の建物があり、内部の者でも迷いかねない青山学院は、さらに厳戒態勢のさなかにあった。どの門にも守衛が立っていた。部外者が春木のいる一号館三階の「特別室」にたどり着けるはずがない。

「与太者ふう」の男はどうやって「特別室」にたどり着いたのか。

実はO助手が約束の時間に西門まで迎えに出て導き入れたのだが、そのときの春木はむろん知る由もない。素知らぬ顔で男を春木に取り次いだO助手は、これから行われる二人のやりとりを想像し、緊張していた。裏で一枚かんでいたからだ。

「春木先生だね。私はこういう者だ」

一癖も二癖もありそうな風貌の男が、突然差し出した大判の名刺には「最上恒産社長　早坂太吉」とあった。

「俺はねぇ先生。A・T子の父親から頼まれて来たんだ。そう言えばわかるね」

春木は言葉を呑み込み、棒立ちになった。

この男はT子との「秘密」を知っている。なぜだ？　十一日と十三日に会い、十四日にチョコレートをもらって、その翌日の十五日だ。なぜ約束したT子が来ない？　T子の「先生とご一緒します」という受話器から聞こえた甘い声が、まだ耳に残っている。

そのT子の代わりに、ヤクザのような得体の知れない男が来た。ここで話すのはまずい。春木は無意識のうちに奥の録音室へと男を案内した。録音室なら誰も来ないし、秘密は守られる。O助手に聞かれることもない。

「先生、あんたがT子にやったことはすべて覚えているだろうな」

煙草を手にした男は灰皿がないことを知ってか、近くのバケツを足で引き寄せた。何と行儀の悪い男か。しかし春木には男を咎める余裕などなかった。

「今回のことをどう始末つけるつもりだ」

「何をどこまでご存知なのかわかりませんが、T子さんとのことはすべて合意の上です」

「おい先生よ。自分の子どもほど若い学生を研究室に何度も連れ込んで、合意もクソもあるか。T子は無理矢理強姦されたと泣いて訴えてるんだ」

「T子さんと会わせてください」

「ダメだ。すべて俺に任せると両親もT子も言っている」

「どうすればいいのでしょうか」

「それを聞きに来たんだ。今夜七時に俺の事務所に来い。そこで話そう」

腑に落ちない。この男はA家に委任されたと言っているが、証拠は何もない。なぜ約束したT子は来ないのか。

そのとき、O助手が紅茶を淹れて入ってきた。春木は驚いた。O助手は気が利かない男で、日ごろ来客があってもお茶一つ出したことがなかった。

O助手はぎこちない手つきでティーカップを二つ置き、「何かご用はありませんか」と聞いた。春木は「ああ、何かあれば声をかけるよ」と応じた。春木は一刻も早くこの場からO助手に立ち去ってほしかった。目の前の闖入者《ちんにゅうしゃ》に脅迫されている。もしOに気づかれたら、根も葉もない噂がたちまち大学中に広まるだろう。

O助手のほうは、早坂と春木のやりとりに探りを入れたかった。だから紅茶を運んだ。早坂はT子のことで脅しに来たに違いない。やはり「計画」は実行されたのだ。取り返しのつかないことになった……O助手は目の前が真っ暗になった。

「今夜、必ず来いよ」

早坂は声を低め、念を押した。

「今夜は用事があって行けません。日を改めてください」

「ダメだ。今夜七時。こちらが最優先だ」

早坂はネチネチと一時間以上も春木を脅し、帰っていった。

春木はT子の表情を思い浮かべながら、何かの間違いではないのか、彼女は今どこで何をしているのかと、半ば驚愕し、疑心暗鬼に陥った。

のちに「地上げの帝王」と呼ばれた早坂太吉は、このときまだ三十八歳だった。昭和十年（一九三五）に山形県北村山郡大石田町で生まれた早坂は、六人兄弟姉妹の末っ子だった。小学校五年生のときに国鉄秋田保線区現場工員の父親が肺炎で死去、母親も中学一年生のときに亡くなっており、長兄夫妻を親代わりに育った。中学卒業後、長兄の経営する最上川岸辺の工務店で二年ほど大工の見習いとして働き、昭和二十八年（一九五三）に上京した。東京では、上野の公園で知り合った手配師Mの下で働き、二年後の昭和三十年（一九五五）にはMの援助で土建屋として独立、弱冠二十歳のときだ。まず埼玉に近い練馬区で小さな建て売り住宅を扱ったところ、即売したという。その前後のことは、昭和六十二年（一九八七）の「文藝春秋」十一月号に掲載された、佐野眞一の「地上げの帝王・早坂太吉」に詳しい。上京当時のことはやや面白く膨らませた感があるが、ほぼこのとおりの経歴だ。

東京西新宿の地上げに成功した早坂の最上恒産は、昭和六十一年（一九八六）五月期の法人所得が百八十六億三千三百万円に達していた。松下電器など常連企業を抜き、大日本印刷、凸版印刷に次ぐ全国第三位にのし上がって世間の注目を集めた。絶頂期には競走馬百二十頭を所有し、「モガミ」の名を冠する早坂の馬は、競馬に詳しくない人でも知っていた。

また、妻亡きあとに同居した事実上の後妻の連れ子の友人で、のちに音楽プロデューサーの川添象郎《しょうろう》の後妻となる二十歳未満の森村学園短大生をマンションに囲うなど、七十歳で死ぬまで早坂は金と女をめぐるスキャンダルがつきまとった。しかし春木事件が起きた昭和四十八年（一九七三）ごろは、さまざまな職歴をもつT子の父親と組んで、手形をやりくりする町の不動産屋にすぎなかった。

話を戻す。早坂が帰ったあと、春木はすぐにアメリカの大学院時代の友人、金瀬薫二弁護士に連絡している。早坂の事務所へ行くにせよ、言い分を聞くだけに留めるよう金瀬は春木にアドバイスしている。心臓病で夜間外出を禁止されていたために同道できなかった金瀬は、くれぐれも言質だけはとられぬよう春木に念を押した。

同日、二月十五日の午後八時半ごろ、春木が赤坂にあった四階建ての早坂の事務所に行くと、原則雄という弁護士も同席していた。「おい、もうじたばたしてもダメだぞ」と、春木は医者の診断書らしき紙切れ二枚を見せられた。T子への「暴行」を証明するもののようだった。別室にいたのかもしれないが、事務所にはT子もその両親の姿もなかった。

後述するが、T子と早坂は「特別な関係」にあったとO助手が証言している。T子が早坂の娘の家庭教師を務めたことから、親密になったようだ。T子が春木にバレンタインデーのチョコレートを届けたことを知って、早坂が激怒したというのが現実的な線ではないだろうか。そこまでやる必要はなかった。かたちだけ誘惑すれば充分だった。春木に近づきすぎている。おそらく前日の十四日、チョコレートを春木に届けたあと、T子は早坂に会った。会わないまでも連絡をとった。そして春木とのことを報告した。その報告は想定外のものだった。早坂はこの一件を両親に打ち明けるようT子に強いた。実権は早坂が握っていたとはいえ、T子の父親は共同経営者だ。当時は早坂が社長で、T子の父親が会長だったが、そんな事情をむろん春木が知る由もない。

渋谷署でのT子の供述調書によれば、二月十四日夜の経緯は次のとおりだ。午後九時ごろに帰宅したT子は、唐突に口を開いた。

「私は泣きながら母に事実〔春木に「暴行」されたこと〕を訴えました。母はびっくりして出先の父に電話をかけました。父は急いで帰宅し、今更仕方がない。犬にでも嚙まれたと思って諦めるしかない。そう言って五万円ほどの金を出し、お母さんと温泉へでも行ってさっぱり忘れて来るんだ、と申しました。その後、私が一度だけではない。二月十三日にも凌辱を受けていることを告白すると、父は、それは悪質だ。計画的な行為だ。徹底的に懲らしめなくちゃならん。と唇を震わせました」

私は、もはやここまでと、早坂が「こと」を表沙汰にさせ、「問題」の解決を自分が委託されたかたちで、春木との「交渉」に乗り出したと見ている。早坂はその夜のうちに、最上恒産の顧問弁護士、原則雄にも連絡している。

第二章　波紋

証拠物件

事件を振り返ってみる。

昭和四十八年（一九七三）二月十一日と十三日に、A・T子は春木猛に三度「暴行」されたと言っている。T子の供述調書によれば、二月十一日の二度目の「暴行」は次のとおりで、研究室に入って「猥褻本」を見せられた直後のことである。

「私を長椅子《ソファアベッド》の上に押し倒し、いきなり私の上に馬乗りになり、私の顔を殴打し左手を後ろに捻《ね》じあげ、首を絞められ、ロッカーに頭をぶっつけ、気を失い、気がついたときは下半身裸にされていました。コートのボタンはちぎれ、ブラウスのホックは引きむしられ、ストッキングには幾つもの穴があけられていました」

一方、春木は「とんでもない作り話だ」と真っ向から否定し、渋谷警察署で次のように供述している。

「驚きましたね。自分の方から私に向って積極的に身体を近づけ、接吻を求める仕草をしたんですよ。やさしい娘さんと私は信じていたんです。拒否するのは可哀そうだ、男らしくないと思いました。だから一身の安全など考えなかったんです。だから私も応じられる範囲で応じようという気になった訳です」

春木の主張も身勝手に思えるが、T子の供述のような「暴行」もなかったと私は推測している。分別あるべき六十三歳の老教授が、女性に馬乗りになってその顔を殴打し、腕を捻じ上げ、首を絞め、コートのボタンを千切り、ブラウスのホックを引きむしり、ストッキングに穴をあけるだろうか。T子はがっちりした体格で上背もある。春木も百八十センチの長身だったとはいえ、必死になれば老教授など撥ね退け、部屋を飛び出すこともできたろう。だがT子は、ほとんど無抵抗のうちに暴行されたと供述している。

二月十一日、T子は春木にレポートの採点を手伝ってほしいとか、「今度大学に国際部を作る。そこの職員にならないか。国際部新設については学長から一切を任されている」などと言われたという。この時期は春休み前の試験も終わっており、すでにT子は高島屋への就職も決まっていた。あとは卒業式を待つばかりだったはずだ。仮に老教授にそう言われたとしても、第一の現場「特別室」についていく義務などない。さらに、二百メートル離れた別棟の第二の現場「研究室」へ同行するなど常識的にあり得ない。少なくとも、第一の現場を出た段階で、なぜ逃げなかったのか。

T子は、第一の現場で「生理になった」と供述している。「私は生理になったからその後、研究室に行っても何もされないだろうと思っていました」などと言いつつ、再度「暴行」を受け、さらに翌々日にもまた春木を「研究室」に訪ねているのだ。しかも十三日に三度目の「暴行」を受けたあとは、平然と中尾栄一代議士に会っている。
二月十四日、バレンタインのチョコレートを春木の助手Oに託したT子は、翌十五日の約束の時間に現れなかった。そのころ、T子は母親とともに義兄たちの勤務先に立ち寄り、バレンタインのチョコレートを渡していた。また、慈恵医大付属病院に春木の「暴行」を証明する「診断書」の受け取りにも行っている。「診断書」の受け取りを指示したのは、早坂か最上恒産の顧問弁護士原則雄だろう。
この「診断書」については、同年八月十八日の第三回公判で、検察、弁護人と慈恵医大付属病院婦人科の医師の間で次のようなやりとりがあった。「診断書」には「処女膜に、基底に達する切痕《せっこん》あり」と記されていたが、医師の証言は「切痕」と春木の「暴行」を結びつける根拠は必ずしもないというものだった。以下、公判記録を参照し、三者のやりとりを再現する。
検察官「切痕と切傷とは違う意味で、使い分けているわけですか」
医師「要するに切れたあとがあるというだけです。ですから傷と言うには、私のほうで、少しまだそこまでは判定できません」
検察官「いつごろ切れたということは、おわかりにならないわけですね」
医師「そうです」
弁護人「そういった切痕なり傷なりあれば、発生後ある程度の期間は、これは新しいものか、何日ぐらい経っているものか、というようなことはわかるのではないですか」

医師「ぼくらは処女膜の切れたのばかり見ておりませんので、わかりません」

つまり、T子の「切痕」がいつできたのかは、断定できないというわけだ。これではむろん証拠にならない。

また「破かれた女性の下着類」も告訴のさいに提出されているが、事件後一週間以上経たもので、しかも洗濯されていた。もちろん、T子が二月十一日、十三日に身につけていたという証拠はない。「幾つもの穴があけられ」た「ストッキング」も提出されているが、参考人として出廷した製造元の大手靴下メーカーの技術者二人は、男の指でも穴はあけられないと明言している。

二月十五日夜、春木は赤坂にある四階建ての早坂の事務所に行った。そこには早坂と弁護士の原則雄がいた。早坂の証言によれば、次のようなやりとりがあった。

「春木の方から慰謝料で解決したいと提案してきた。しかし金額は明示しなかった。自分の方からは、脅迫めいたことは一切言っていません」

しかしこの話し合いのなかで早坂は「先生、日吉の一軒家に住んでるじゃないか。金ぐらいなんとでもなるだろう」と発言している。早坂は不動産屋である。住所さえわかれば、業者間の情報でおよその評価額は察しがつくだろう。

翌々日、二月十七日、春木の旧友である金瀬薫二の事務所のA弁護士が、早坂の顧問弁護士原則雄に面会している。Aと原は双方の代理人として話し合った。T子の父親の主張は「告訴」だったが、間に入った早坂と原が出した和解の条件は「大学辞任」と「慰謝料一千万円」の支払いで、回答期限は四日後の「二十一日水曜日午後八時」だった。Aは原と会ったその日に春木を事務所に呼び、こう切り出した。

「金瀬先生とも相談したのですが、大学は速やかに辞任されたほうがいいでしょう。その上で慰謝料の相談をしましょう。告訴だけは絶対に避けなければなりません。ただ、この件はいずれ大学にも知られます。そうなるとますます不利です。交渉相手は相当したたかです。弱腰は相手の思うツボですが、しかし辞表はすぐ出すべきでしょう」

A弁護士の判断は春木にとって予想以上に厳しいものだった。春木は腹を決め、その場で自宅に電話をかけた。

夫人の声は弾んでいた。その日は自宅近くの産院で長女が初孫を産んでいた。初孫誕生の朗報を春木はうわの空で聞き、至急、渋谷まで来るよう夫人に告げた。初孫を産んだ長女も、結婚したばかりの次女も、青山学院大学英文科を優秀な成績で卒業していた。長男は慶応義塾大学経済学部四年生で、財閥系企業への就職が内定していた。春木家には慶事が続いていたのだ。

渋谷の喫茶店で春木はすべてを夫人に話した。そして永福町にある院長の大木金次郎宅へ行くと告げた。夫人にとってはすべてが寝耳に水だった。娘たちの夫やその家族、また大学生の息子が知ったらどんなに驚くことか、想像するだけで震えてきた。

告訴

大木金次郎は突然訪ねてきた春木夫妻を、ともかく応接室に招じ入れた。大木は春木夫人とは初対面だった。夫人が津田塾大学英文科の出身で、ＮＨＫの国際部の嘱託だったときに春木と知り合ったことは聞いていた。春木と並んでも引けをとらないほど上背のある知的な人だった。春木の話にじっと耳を傾けていた大木は、表情も変えず黙ったままだったという。同じ「青学生え抜き」の春木は大木派を自認していたかもしれないが、大木は必ずしも春木を信用していなかった。大学には必要な人材だったが、やや暴走気味で、自信過剰なところがあると見ていた。

大木が全学教授会で責められたときも、春木は何ら助け舟を出さなかった。小林孝輔《たかすけ》のように徒党を組むことはなかったが、自分のことにしか関心をもたない一匹狼だった。また春木は、代議士の中尾栄一を教え子の一人と吹聴していたようだが、それなら中尾が大学の運営にクレームをつけてきたときなど、間に入って力を貸してほしかった。そんなときも春木は素知らぬ顔をしていた。

そのような「個人主義」が要因となって、春木は学内での地歩を固められず、敵もつくり、思わぬところで足を掬われていた。だから学部長にもなれなかった。

留学先のアメリカでは、絶えず女の影をチラつかせていた。その都度、夫人が渡米して解決したようだが、春木の無軌道な「学究生活」を大木は見逃さず、苦々しく思っていた。

学園紛争のときも、「青学生え抜き」らしい働きをして大学に貢献すべきではなかったか。院長兼学長の苦悩を汲みとるべきではなかったか。だが春木は院長室に一度も顔を出さなかった。法学部の教授会でも、常に出口近くに座り、ほとんど発言しなかった。味方として頼れる男ではなかった……。

大木は感情を表に出さず、春木の話を聞くだけ聞いて、おもむろに口を開いた。

「そうですか。何だかよくわからない話ですね。二十年以上も大学のために尽くされた功労者が、そんなにあっさり辞めることはないですよ。弁護士同士で話し合いをしているのでしょう。近ごろは水商売でアルバイトをしている女子学生もいるそうだしね」

大木はとりあえず慰留した。教員と女子学生のトラブルはよくあることだ。大抵は大木のところに持ち込まれる前に示談で解決している。春木には以前も、卒業生の福岡の父兄から抗議の手紙が届いている。達筆な墨書の巻き紙だった。一つ間違えば大きなスキャンダルになりかねなかったが、対応を任せた側近の須々木斐子《すすきあやこ》が適切な処理をした。

春木はこの日、口頭で辞意を伝えただけで、進退は大木に預けるかたちとなった。むろん大木も、春木事件の一方の当事者の言い分を聞かされただけで、T子のことも、早坂太吉との関係性についても知る由がなかった。春木から聞かされたのは、女子学生と何かトラブルを起こしたという程度だった。法学部での春木の立場はどうなるかと一瞬、脳裏をかすめただけだった。

翌二月十八日、春木は学長の石田武雄にも会い、辞表を提出した。大木同様、石田も辞表を預かるだけに留め、また、何かの罠にはめられたのではないかと気遣った。

春木は自己都合というかたちで大学を円満に辞め、退職金を手にしたかった。一千万円の慰謝料を請求されている。いくらかまとまった額を払わなければならない。だが、そこまでは学長に言えなかった。

春木は学内の査問委員会に諮られ、「三月末日付」の「懲戒退職処分」となっている。結果、退職金は支給されなかったが、月額八万円の学院独自の「青山年金」と、「私学共済年金」は支給の手続がとられた。この裁定に大木も石田も口を挟まなかった。表向きは援助の手を差し伸べなかったことになる。

しかし、「査問委員会」が開かれたという記録はない。大木が眞鍋恵三事務局長に命じ、極秘で退職金相当額を支給させたという説もある。もし「懲戒退職処分」なら、日付は春木逮捕の三月三日か、朝日新聞のスクープで事件が世に知れ渡った二十日か、あるいは起訴された二十四日でもいいはずだ。三月三十一日付の退職はごく普通の、円満な人事と言える。また、春木は就職部長でもあったというが、これも三月三十一日まで務めたことになっている。小林孝輔の学部長退任も同じ三月三十一日付だった。

ところで、「大学辞任」と「慰謝料一千万円」の支払いについて、T子側には二月二十一日の午後八時までに回答する約束だったが、その日の午前中、早坂が電話で一方的に交渉の打ち切りを通告してきた。そして、その日のうちにT子側は診断書や破れた下着など証拠物を添えて、渋谷署に春木を告訴した。告訴したのはT子本人だが、実際は原則雄弁護士がT子に付き添い、ほとんど徹夜で告訴状を書いたようだ。さらに翌々日の二月二十三日には、東京地方裁判所に「慰謝料三千五百万円」を求める民事訴訟も起こしている。この金額の根拠は示されていないが、要するに一千万円では足りないということだろう。

春木も金瀬弁護士事務所も、T子側の告訴の動きに気づかなかった。迂闊だったとしか言いようがない。交渉の打ち切りを通告されたあと、すぐにも原弁護士を訪ねるべきだった。告訴回避の説得に注力すべきであった。

T子、その父親、早坂、原弁護士の間にはどのような話し合いがあったのか。二月十七日の段階では、春木に「大学辞任」と「慰謝料一千万円」の支払いという条件を出している。春木は金瀬事務所の弁護士に説得され、ほぼこれに近い条件で示談に応じようとしていた。そこへ二十一日午前中の、一方的な打ち切りの通告だ。いったいT子側に何があったのか。

告訴に踏み切った理由の一つとして考えられるのが、早坂太吉の怒りに近い嫉妬である。かたちだけ誘惑すればよかった相手に、前後を忘れて「夢中」になり、急接近したT子を許せなくなったのではないか。当時の早坂はまだ三十八歳で、血気盛んな年頃だ。思うに早坂はT子を「私有物」と考えていた。その「私有物」を別の男に奪われたことで、前後の見境なく逆上したのではないか。のちの早坂の女性に対する態度を見ればよくわかる。早坂には女性を人と見なさないような一面があった。

逮捕

告訴から十三日後の三月三日、春木猛は突然、逮捕された。逮捕が世間に公表されれば、どう考えても春木のほうが不利になる。事件の表面化は絶対に避けたいところだったはずだが、示談は成立しなかった。渋谷署に逮捕された春木はそのまま留置され、連日、刑事たちの苛酷な取り調べを受けることになった。拘置は十四日まで、延長しても二十四日までと東京地裁で決められていた。

逮捕翌日、三月四日の夕方、鰻重の差し入れがあった。刑事が「おい、今夜はご馳走だぞ」と言って春木に鰻重を差し出し、茶を淹れた。春木の証言や手記、供述調書などを基に、刑事とのやりとりを再現する。

「誰からでしょうか。家内が来たんでしょうか」

「いや、違う」

「では誰が？」

「今は言えない」

春木は、ひょっとしてT子ではないかと思った。こんなことになってしまったのを、T子は後悔しているのではないか。そう信じたい。この期に及んでも、T子に裏切られたとは思いたくなかった。甘いと言えば甘いが、それが春木の本音だった。異性間のトラブルは概して男のほうが甘い。なぜ二月十五日にT子は来なかったのかと、まだそんなことを考えていた。饅頭を口にしても、まるで味がしなかった。

饅頭を差し入れたのは、春木の助手O・Hだった。

春木事件で不可解な役回りを演じたOはその後、三月二十日の朝日新聞を見て衝撃を受ける。ついに白日の下に曝されてしまったと、Oは自らの行動を顧み、立場や将来を考えて恐ろしくなった。後述するが、Oは上司の春木を失脚させる謀議に加わっていたのだ。いずれ自分も警察に呼ばれて、取り調べを受けることになるのではないか。Oは不安を募らせた。

Oは春木が逮捕された三月三日午後、渋谷署と警視庁捜査一課の家宅捜索に立ち会っている。つまり春木逮捕を学内で最初に知った関係者だ。Oは家宅捜索直後、春木夫人に電話をかけているが、なぜか逮捕の件は知らせなかった。伝えられなかったと言うほうが正確だろう。さらに、大学当局にも何ら報告しなかった。なぜ春木逮捕という重大事を夫人や大学当局に知らせなかったのか。O

はすっかり動転していた。もともと小心な男だった。

翌三月四日、不安に駆られたOは饅重を買い、誰にも相談せず渋谷署を訪ねた。春木の助手だと伝え、面会を求めたが、むろん叶わなかった。刑事たちは、Oが大学の指示ではなく個人として来た点に興味を抱き、何かあると疑った。

刑事は饅重を食べ終えた春木に煙草をすすめた。

「いや、私は煙草は吸いません」

「そうか。やるのは女だけか。じゃあ、二月十一日と十三日の事件について今から訊くから、すべて正直に話せよ。あの日、研究室に若い学生を連れ込んだな」

「連れ込んだのではなく、彼女の意志です」

「研究室というのは何をするところだ」

「私が授業のための下調べをしたり、論文を書いたりする部屋です」

「あんたの勉強部屋か」

「まあそんなところです」

「するとあんたは、大学の勉強部屋で自分の娘ほどの年頃の学生を強姦したというわけか。青山学院という大学では勉強以外にも、いろんなことを教えてやるんだな。それで授業料が高いわけだ」

「強姦なんかしていません」

「じゃあ何だ」

「合意の上です」

「昨日あんたに見せただろ。学生から告訴状が出てるんだよ。合意の上ならどうして強姦されましたって訴えるんだ。いずれにしてもやったのは事実なんだろ」

「ですから、合意の上だと言っています」

「楽しんだのは何時ごろだ」

　刑事は教授のプライドも人格も無視して執拗に、時にからかうように、あるいはバカにするかのように、ねちねちと訊いた。自分のペースに持ち込み、自供を引き出そうとした。春木の手記の随所にその口惜しさと無念が滲み出ている。三十代後半から四十代半ばの刑事が三人、代わる代わる六十三歳の教授を責めたてた。取り調べというより虐《いじ》めに近かった。刑事たちは何としても春木に自供させたかった。自らに都合のいい供述調書を作りたかった。「強姦」を認めさせなければならなかった。

　渋谷署はT子から告訴状を受理したあとに、供述調書と告訴補充書も取っていた。T子が最初に提出した告訴状の内容は、ベテラン刑事にしてみれば隙だらけで、矛盾に充ちていた。これだけではとても起訴に持ち込めない。

　春木の一号館三階「一三六号教室」が第一の「現場」で、二月十一日午後二時から四時の間の犯行。二百メートル離れた別棟にある春木の「研究室」が第二の「現場」で、同日午後四時三十分ごろ、あるいは五時ごろの犯行。第一の「現場」で首を絞められ失神し、強姦されかかった若い女子学生が、加害者の教授と肩を並べて第二の「現場」まで行き、そこでまた強姦される——。どう考えても腑に落ちない。さらに不可解なのは、翌々日の二月十三日に再び春木の「研究室」を訪ね、三度目の暴行を受けていることだ。これで「強制猥褻」「強姦致傷」の罪名を着せ得るのか。渋谷署の刑事も、応援の警視庁捜査一課の刑事も、首を捻《ひね》るしかなかった。どう考えても不起訴だ。しかし東京地検は起訴に持ち込みたいようだ。もっと上の意思が働いているのか。とにかくもう少し証拠固めをしなければならない。渋谷署刑事課はT子を職権で呼び出した。

三月十七日、T子は鮮やかなブルーのスーツ姿で現れた。警察の聴取に応じるには場違いな感じだったが、T子の服装は普段から派手だった。刑事が誘導し、ほぼ一日がかりで「手記」を書かせ、告訴状の「補充書」なるものが仕上がった。

1. 私はA・T子二十四歳であります。この前に提出しました告訴状には脱落していた部分がありましたので、その脱落していた部分についてここに正直にありのままを申し述べます。

2. 私は今年二月十一日建国記念日の日に春木先生にお会いしました。その日は日曜日で、先生は大学から約五百メートルのユニオン教会の礼拝に出席しておられました。私は少し遅れて行きましたから、礼拝が終わったあとで教会の外で先生にお会いしました。礼拝者は約百名。外人が十五、六人おりました。

3. 私は先生と二人で大学前の大通りをぶらぶらと歩き、あの通りのハンバーガー・ショップで軽い食事を摂りました。食事をしながら先生は忙しくてたまらん。今から研究室へ行ってレポートの採点をしなくてはならんといいました。私に出来ることならお手伝いしましょうかというと、是非頼むよと言われました。だからそのお店を出てから先生の研究室まで一緒に歩いて行きました。もう三時近かったと思います。

4．先生の特別室は確か一号館三階で、高い所ですから外からは見えません。ドアに鍵はかかっていなかったと思いますが、その日は誰もいないから見られはしなかったと思います。私はもしも身の危険があったらいつでも逃げ出せると思って安心していました。

5．しかし先生に後ろから肩を抱きかかえられ抱擁接吻されると、事態は一変しました。助けを呼ぼうにも祭日で誰もいないし、用務員も一階ですから聞こえるはずもなく、逃げようとするとワンピースのホックは取れ、すごいことですが、ジッパーはむしられてしまい、下着は引き裂かれてしまったのです。

6．私は逃げようとして本棚に頭をぶつけ、一時眼がくらみました。それから先生は両手で私の首を絞め、私は気が遠くなりました。その間に何をされたのか一切覚えていません。気がついた時は肌着が引き裂かれ、もはや暴行を受けたあとでありました。

以上の文言を刑事は読み上げ、末尾に「A・T子」と署名捺印させた。

しかしこの「補充書」なるものに、私が取材した「事実」を補充すれば、二人はその後、何事もなかったように肩を並べて街へ出、喫茶店「レバンテ」に寄り、さらに学生に人気だった別の店で「スパゲッティー」を食べている。

「二軒目の店のすぐ手前には交番があります。彼女が本当の被害者であるならば、なぜこの交番へ駆け込まなかったのでしょうか。その店は建物の三階にありますが、T子は先に立ってどんどん上って行きました。その食事のあとで、私の大好物のイチゴ・アイスクリームを食べました」と春木は手記に書いているし、刑事や検事に供述している。だが、無視された。

T子の「補充書」は、二人が街へ出たあとのことに、いっさい触れていない。「合意」を臭わせることはすべて省かれている。警察は書類送検にあたって、春木に有利なことや矛盾を削除しているのだ。

こうして東京地方検察庁は、昭和四十八年（一九七三）三月二十四日、春木猛を「強制猥褻」「強姦致傷」の容疑で起訴した。

起訴状

以下は検察による起訴状だ。重要でない部分は省略している。

公訴事実

被告人は、

第一　昭和四十八年二月十一日午後三時ころ東京都渋谷区渋谷4-4-25　青山学院大学一号館三階一三六号特別教室において、A・T子（当年二十四）に対し、矢庭に、同女を付近の長椅子に押し倒し、その身体をおさえつけるなどの暴行を加え〔中略〕もって強制わいせつの行為をし、

第二　同日午後三時二十分ころ、同大学五号館五階被告人研究室において、同女を強いて姦淫しようと企て、矢庭に同女を付近のソファ・ベッドに押し倒し、手で同女の顔面を殴打し、首を絞めるなどの暴行を加えて同女の反抗を抑圧した上、〔中略〕強いて姦淫したが、その際〔中略〕全治約四日間を要する腰部打撲などの傷害を負わせ、

第三　同月十三日午後五時ころ、前記被告人研究室において、同女を強いて姦淫しようと企て、矢庭に同女を付近のソファ・ベッドに押し倒し、同女の身体をおさえつけるなどの暴行を加え、強いて同女を姦淫したものである。

罰条

第一　刑法第１７６条前段

第二　同法１７７条前段

第三　１７７条前段

「矢庭に」などという日常あまり用いない言葉が三度も使われているが、検事の作文とはこのようなものである。起訴状とは検察官が裁判を請求する意思を示した文書を指す。審判の対象たる被告人の氏名、公訴事実、罪名などを明記し、裁判所に提出されるもので、検察官が判事に宛てて書いている。通常は有罪に足る証拠が揃わなければ不起訴となる。

春木事件の場合、有罪と断じたのは警察と検察だから、「合意の上」という主張は当然、無視されている。春木が自身の主張を公にし得たのは裁判になってからだ。春木は起訴段階ですでに不利

だった。刑事訴訟では本来、犯罪事実が明確に証明されない限り、「疑わしきは被告人の利益に」が原則のはずだが、しかし現実には、警察に身柄を拘束されただけで、あるいは起訴された段階で、世間もマスコミも被告を「犯人」扱いする。

静岡の袴田事件（一九六六）、栃木の足利事件（一九九〇）、富山の氷見事件（二〇〇二）、鹿児島の志布志事件（二〇〇三）、また大阪地検特捜部が虚偽有印公文書作成、同行使容疑で厚生労働省の局長を逮捕、起訴した事件（二〇〇九）と、冤罪は常に起こり得る。

検事は司法修習生のときから、被告人を有罪にする訓練を積まされている。起訴か不起訴か迷ったら起訴しろ、また、自白させられるものなら自白させろと叩き込まれている。元検事の市川寛も『検事失格』（毎日新聞社　二〇一二／新潮文庫　二〇一五）で自身の体験を率直にそう記している。

大学教授と女子学生の密室での「行為」に焦点が当てられた春木のケースは、有名な冤罪事件とはむろん性格が異なる。だが、この事件の背景を掘り下げていくと、個人的な怨念や、学内の派閥争いが絡んでいたことも見えてくる。春木の逮捕、起訴で、青山学院は混乱に陥った。

敵と味方

春木起訴の四日前、三月二十日の朝日新聞が事件をスクープしたとき、学内には「何かの間違いではないか」「先生はハメられたのだ」と囁く同情的な教職員もいたし、「派手に立ち回るからこんな目に遭うのだ」「身から出たサビだ」などと吐き捨てる批判的な者も少なくなかったという。

当時の春木は「国際部」新設のために奔走していた。積極的に発言し、行動していた。海外の学生との交流や、英語のみ用いる講義の実現を目指し、率先して世界各地の著名な大学の類似組織を調べていた。T子の渋谷署での調書によれば、春木は「国際部」の新設について、学長からすべてを任されているとか、君みたいな有能な人を秘書にしたいなどと言っていた。後述するが、T子の気を惹くためか、春木自身も実際にそのような言葉を口にしている。T子も関心を寄せたことだろう。だが当然、「国際部」設置反対の教員もいた。理由が新組織に対するものなのか、春木への反発なのかはわからない。いずれにせよ春木には敵も多かった。

「国際部」については、春木逮捕の十日後、また起訴の十一日前、三月十三日の段階で、渋谷署長の町田和夫がわざわざ青山学院に出向き、学長の石田武雄に聴取している。石田は町田に次の三つの要点を伝えた。

1. 国際部開設の件は理事会において正式に決定していない。
2. 国際部を構成すべき人選について春木教授に決定権委任はしていない。
3. 理事六人を以って構成されている長期計画委員会に於いて大学案として提出された国際部設置案を一度検討し、設置の方向で調査推進することを諒解した。

あくまでもまだ「調査」段階で「正式に決定」はしておらず、春木への「委任」もないと石田は言っている。町田は「国際部開設の件」は未定との認識をもっただろう。しかし『青山学院大学五十年史』は、町田が石田を聴取する三ヶ月前、昭和四十七年（一九七二）十二月に「『青山学院創立一〇〇年記念のための大学事業計画（案）』に国際部の新設が盛り込まれた」と明記している。『五十年史』を読む限り、石田の発言は春木に対して冷淡すぎる。

「大学問学生国際交流計画要領（一九七二〈昭和四十七年〉一〇月作成）のなかで、法学部教授春木猛が国際部の設立を初めて提言した。春木は当時、石田武雄学長のもとに設置された学長室で学長の補佐や政策立案支援にあたっていた。今後、文部省の国費留学制度が実施され、アメリカの大学が日本人留学生の受け入れを積極的に行うなど、これから学生の国際交流が本格化すると考えられた。そこで春木は、青山学院大学が留学を希望する日本人学生に対して、国際的教養を習得させる国際教養センター、外国人留学生に対して日本語教育を行う交換学生センターを開設することを提言したのである。

一九七二年に青山学院は、二年後の学院創立百周年にあわせて、創立一〇〇年記念事業を検討していた。春木の提案を踏まえ、同年一二月にまとめられた『青山学院創立一〇〇年記念のための大学事業計画（案）』に国際部の新設が盛り込まれた。この計画は学院が七三年七月にまとめた『青山学院長期事業計画』のなかにも取り入れられ、公式な計画になる」

『五十年史』は、春木が「学長の補佐」や「政策立案支援」を担ったとも明記している。また、春木による「大学問学生国際交流計画要領」の「作成」かつ「提言」は「一九七二〈昭和四七〉年一〇月」だから、事件の四ヶ月前のことだ。つまり春木は、少なくとも事件の四ヶ月前は学長の側近で、重要な役割を果たしていた。そして、春木逮捕の四ヶ月後、「青山学院長期事業計画」がまとめられた「七三年七月」について言えば、六日より東京地方裁判所での公判が始まっており、運命の皮肉を感じる。

『五十年史』は事件に触れていないが、明らかに春木を功労者として扱っている。春木には敵が多かったと言われるが、味方なくしてその功績はあり得ず、むろん記録されることもなかったろう。元運輸省のエリート官僚で国鉄ＯＢの石田は、大木とは距離を置いていたが、春木との関係は良好だった。国際部の新設についても春木の提案を受け、その準備を進めていた。しかし春木の逮捕で冷淡になったと、周辺にいた元教授らは揃って私に語った。

渋谷署長の町田はなぜわざわざ青山学院にまで出向き、学長の石田に「国際部開設の件」を確認したのか。「国際部」をめぐるＴ子や春木の供述に、両者の思惑を見出そうとしたからではなかったか。

春木の教え子の一人に韓国人留学生Ｓがいた。当時、大学院生だったＳは朝日新聞のスクープを見て、「嘘だ」と直感したという。Ｓは「試験の採点に手心を加えてやるとか、暴行の後で跪《ひざまず》いて謝ったとか、先生の性格とあまりにも相反したデタラメ」だと憤慨し、すぐ抗議の電話を朝日新聞社に入れた。

またＳは公判開始直後、裁判所に宛てて陳情書も提出している。Ｔ子のことをよく知り、すでに早坂太吉や原則雄顧問弁護士の情報も得ていたＳは、陳情書にこう記した。

「今度の事件においては彼女の性格も重要な要素をなしていると思います。彼女は良家の令嬢を装って、偽りの気絶をしたりしたそうですが、我々同輩が調べたところでは彼女の気の強さは定評となっています。

彼女は男の先生の前では女性として最高の愛嬌を振りまいていました。出席日数不足で単位が取れないような時は、直接に担当の教員を訪問し、言葉巧みに愛嬌を振りまいて解決するという女でした。

T子が今度の事件で打ちひしがれていたなどと言われていますが、その頃彼女が自動車教習所に通って運転を習っていたことは同学年の学生に目撃されております。彼女が某国会議員としばしば会い、夕食を共にしたりしていた事も明白になっております。

またT子側の原弁護士や早坂太吉氏の行動には疑わしいものがあります。事件の翌々日の二月十五日、まず最初に春木先生を脅しに来たのは早坂であり、今度の事件はA〔T子の父親〕、早坂、原弁護士の三人グループによる共同作戦であったように思われます。T子の父A・T氏が事業に失敗して夜逃げをしたとき、T子がたった独りで自宅に寝ていた所へ暴力団数名が殴りこみをかけてきたそうです。そのときT子はその数人を相手に立ちむかい、彼らを追い返したと伝えられています（自ら吹聴していたようです）。そのT子が六十三歳の体力もない老人の暴行に何の抵抗も無く、二度三度までも貞操を奪われたというのも筋が通らないように思われます」

韓国人留学生Sの陳情は続く。

「さらに先生は、国際部という組織を正式に設置する準備のために、午後六時七時まで世界各地の著名な大学の国際部の組織を調べ、手紙を書き、情報を集め、外国語による講義をする為の適任者を探し『やりがいのある仕事を学長から言いつけられた』と嬉しそうな顔で話しておられ、学長と電話でその打ち合わせをしておられた事も私は知っております」

三月二十日の朝日の記事を見て、春木研究室には多くの教え子がその日のうちに集まってきた。Sのほかにも八戸工業大学助教授となっていた斎藤太治男《たちお》や、「春木アド・グループ」の出身者が駆けつけた。アド・グループとはゼミ形式の「アドバイザー・グループ」のことで、学生たちが個々の教授を囲み、就職の相談から人生論議まで行う、現在も続く青山学院独自のシステムである。斎藤太治男は春木研究室の助手O・Hとも親しく、グループの兄貴分のような存在だった。しかしその日、Oは「研究室」にも「特別室」にも現れなかった。アルバイトの女性も朝から見かけないと言っている。

Sと斎藤はOにアド・グループの名簿を出させ、春木救済の署名活動を始めようとしていた。また事件前後、Sは韓国に、斎藤は八戸におり、ともに状況を把握していなかったため、Oからその間の詳細を聞き出したかった。

翌二十一日、午後遅くなってようやくOは姿を現わした。当初Oは、弁護士の動向がわからないことを理由に、春木救済の署名活動には消極的だった。アド・グループの名簿も出し渋った。ところが夜になって、斎藤の東京の自宅である恵比寿のマンションにOが電話してきた。そして、「実は今度の事件に加担させられていた。詳しく話したい」と、しどろもどろに打ち明けたのである。

春木と助手O・Hの関係について、大学の元事務職員の一人は私にこう打ち明けている。

「春木先生とOさんはあまりしっくりいっていなかったようです。前任の助手は熱心に先生に仕えていましたが、その方のアメリカ留学後に来たOさんは、きめ細かいお手伝いができないようでした。Oさんも『先生は僕を遠ざけようとしている』などとこぼしていました」

「事件に加担させられていた」との告白に驚き、その夜のうちに斎藤太治男はO・Hと会った。翌日も午前中から事情を聞いた。斎藤はOを説得し、六本木の金瀬薫二弁護士の事務所に連れていった。そして録音することを条件に、「加担」の詳細を一部始終、語らせた。

このときのテープ起こし原稿が私の手もとにある。四百字詰原稿用紙百五十七枚に及ぶOの告白はしどろもどろで、その都度、斎藤の介添えや誘導がある。まるで斎藤が刑事、Oが容疑者で、自供させられているかのような印象も受ける。弁護士の金瀬は再三「身辺は守るから、知っていることをすべて話してほしい」と説得している。Oの告白内容は生々しく、小林孝輔法学部長の関与など、にわかには信じられないようなことばかりだった。

金瀬の事務所を出た斎藤とOは、その足で杉並区永福町の大木金次郎宅へ向かった。O自らが「こうなった以上、院長にも報告します」と申し出たというが、むしろ斎藤のほうが積極的だったに違いない。助手のOにとって院長の大木は雲の上の存在である。面識すらなかったろう。斎藤はOを連れてゆき、金瀬弁護士の事務所で録音した内容と同じことを語らせ、点数稼ぎをしたかったのではないか。

予め斎藤が電話を入れておき、大木宅には午後七時ごろ着いた。二人は、一ヶ月ほど前に春木夫妻がいた同じ応接室に通された。やはり斎藤が介添え、誘導しながら重い口を開かせ、Oは二時間余にわたり「加担」の詳細を大木に語って聞かせた。大木は一瞬、驚いたような表情を見せたが、口を挟まず最後までOの話を聞いた。そして大木は二人に、Oの告白内容を文書にして、翌三月二十三日午前中に院長室へ届けるよう指示した。

Oの告白内容について、大木は小林ら法学部の教授たちの顔を頭に浮かべながら、まったくあり得ないことでもないと考えた。Oの告白は正確ではないかもしれないが、いずれにせよ事件の裏には「何か」があると感じた。法学部創設のころ、大木は学部長も兼任していた。法学部のことは知り尽くしているつもりだったが、抜け落ちた「何か」があったのかもしれない——。

ことあるごとに辞表を出す法学部長の小林は常に先頭に立ち、他学部長らを扇動していた。また安保闘争の隆盛時、全国左翼系教授の筆頭にその名が挙がっていた小林は、ともすれば学生側に立ち、大学当局を批判した。しかし学生の手前、左翼を装ったにすぎないと、大木は小林の性格を見抜いていた。

小林は保守的で、ごく普通の憲法学者であった。しかし同僚を唆《そそのか》したり、数を恃《たの》んで徒党を組むようなところもあった。いかにも早稲田出身らしいと、大木は見ていた。何かと言えば「青学生え抜き」を吹聴する春木とは、所詮ソリが合わなかった。春木に限らず「青学生え抜き」は軟弱で、一人ひとりが孤立していたと、私が取材した職員は皆、異口同音に語っている。

小林孝輔は大正十一年（一九二二）に東京で生まれている。明治四十二年（一九〇九）生まれの春木より一回り年下になる。早稲田高等学院、早大法学部を経て同大学院修了後、一年間だけ立正大学の講師を務めた。昭和二十六年（一九五一）に青山学院の経済学部の講師となり、三十四年（一九五九）の法学部新設と同時にその教授となった。春木事件のときは五十一歳だった。実家は東京都調布市つつじヶ丘辺りの寺院だったという。仏教系の立正大学への奉職はその関係だろう。なお、新聞社に籍を置いた事実はない。

大木宅を出た斎藤太治男とO・Hは、永福町駅近くの喫茶店「カオル」に入った。斎藤の指示に従い、Oは二時間近くかけて「事件の真相」を書き上げた。あらためて斎藤がOの手記を確認し、二人は「カオル」を出て、トンカツ屋に入った。ビールを飲み、トンカツ定食を食べた。Oはほっとしたような表情を見せた。

三月二十三日の午前中に斎藤が院長室に届けたOの手記の全文は以下のとおりだ。文中の「K」とはむろん小林孝輔を指す。

昭和四十八年三月二十二日（木）

青山学院大学法学部教授春木猛の強姦致傷に関する事件の真相について。

O・H

1. 私は青山学院大学法学部を昭和四十三年三月に卒業し、同年四月より同大学院に進み、昭和四十六年三月に法学部修士の称号を授けられた。同大学院在学中より、青山学院大学スピーチ・クリニック（春木猛教授）に雇員《こいん》として勤務、昭和四十七年四月より同研究室嘱託として勤務、現在に至る。横浜市神奈川区在住。昭和二十年十月二十二日生まれ。

2. 昭和四十八年三月三日（土）午後四時頃、警視庁捜査一課および渋谷署の捜査を受け（場所　スピーチ・クリニック・オフィス、136番教室春木研究室）、驚いて春木先生宅に電話しました。昭和四十八年三月二十日（火）の朝日新聞の朝刊を見て事の重大さを知りました。したがって、下記の通り、事件の真相の全貌を供述いたします。

3．本事件の計画の発端を知ったのは昭和四十七年の九月下旬、不動産業早坂太吉氏の経営するビル二階の酒場に、青山学院大学法学部のK先生に呼び出されたときである。

4．その酒場に行ってみると、そこには早坂氏、早坂氏の会社の原顧問弁護士、K教授、I教授、O教授、E元青学助教授、T子（春木教授を誘惑する役目の女子学生）らが揃っていた。

5．同所において謀議された内容は、春木教授をスキャンダルに巻込み、免職させ、もって青山学院大学内部における同校卒業生の一掃を図る。その方法と時期に関しては昭和四十八年二月中旬とし、まず、春木にT子を接近させ、誘惑したところで、早坂太吉が恐喝し、同教授より一千万円を出させ、さらに辞任させ、もって大木院長体制を打破することを決議した。

6．早坂による恐喝及び青山学院に三千万円にのぼる金額を請求することに関する法律問題はすべてこれを原弁護士にゆだねることを各自が確認し、さらに同氏はこれを正式に承認した。なお、K教授はT子を春木に接近、誘惑させることを引き受けた。春木辞任に際し、I教授及びO教授が法学部教授会に根回しすることを約束した。

7．私はK教授より春木猛教授に関する情報を提供することを強要された。青山学院大学非常勤講師S・J氏を本計画の中に入れることを協議し、その後、同氏に同意を求めることを認めた。後日、同氏は本件に関し協力を約束した。

手記を提出した四日後の三月二十七日、Oは渋谷警察署に逮捕される。東京地方検察庁から回送されたOの手記の内容を追及するためであった。渋谷署でOは手記を補足するメモを書き、刑事に渡している。そのメモの内容は大要次のとおりであった。

――私はA・T子を学内でよく見かけた。T子が小林教授と立ち話をしているのも目撃したことがある。昭和四十七年（一九七二）九月下旬、知人の結婚式の帰途、赤坂付近のバーに立ち寄ったさい、T子がホステスとして働き、客にサービスしているところを見た。赤坂のバーに通うようになり、早坂太吉とT子が特別な関係にあることを知った。二人のやりとりや態度が明らかに親密な関係であることを誇示していた。十二月に入ってスピーチ・クリニックの授業で「ピグマリオン」の映画を上映したさい、T子の姿を見かけた。私はこのころから小林教授のグループとは距離を置いていた。留学や就職にも大きく響く、春木教授を免職させる計画の重大さを考え、早坂の留学資金提供の申し出も断り、なるべく遠ざかるよう努めていた。しかし、私が計画を知っていることを理由に、早坂から春木教授の顔写真と自宅周辺の地図を要求された。また、春木教授の予定も教えるよう強要された。

昭和四十八年（一九七三）一月下旬から二月にかけて、早坂がT子に、春木教授を誘惑し、服を破って強姦されたことを強く訴えるよう指示したと、赤坂のバーで聞いたように思う。

二月七日（水）か八日（木）、早坂に青学会館のグリルに呼び出され、春木教授の顔写真と自宅周辺の地図の提供、また当面の予定も教えるよう強要された。

二月十二日（月）十二時半ごろ、一号館三階一三六号特別教室（スピーチ・クリニック）で早坂に春木教授の自宅周辺地図のコピーと顔写真を渡した。

二月十四日（水）、T子は普段と変わらない様子で昼ごろ、三時ごろ、五時ごろと午後三回、来室したが、いずれも春木教授は不在だった。三回目の来室のさい、T子は二つに折った大きな角封筒を春木教授に渡すよう頼んだ。どうして三回も来たのか。この日はその角封筒をタイプライターの上に置いて帰宅した。深夜、早坂から電話があり、春木教授の翌日の予定を聞かれ、午後は一三六号特別教室にいる予定と伝えた。午後二時ごろ西門に行くので迎えに来るよう強く言われた。

二月十五日（木）午後二時ごろ、早坂が西門に来た。早坂は私に名刺を渡しながら「T子の件で先生に会いたい」と、取り次ぎを求めた。私は早坂を一三六号特別教室まで案内し、春木教授にその名刺を渡した。春木教授と早坂は奥の録音室に入っていった。紅茶を出したさい、春木教授は早坂に脅されているようだったが、私はすぐ自分の席に戻った。春木教授と早坂は比較的長い時間、話していた。

私は計画が実行されたことを察知した。これ以上は原則雄弁護士に任せると、早坂が帰るとき私に耳打ちした。報道関係は、小林教授から朝日新聞に連絡することも知らされた。春木教授の写真はすでに渡してあった――

O・Hは「上記に述べたことは、良心に従って書いたものであり、司直の方々に、同内容について、身の保全を約し、他に漏れないという確約のもとに、陳述することをここに宣明します」とメモに添えている。Oのメモの内容は具体的だが、ところどころ混乱している点は否めない。なおOは、厳重注意を受け、いっさいを口外しないという条件で、逮捕から四日後の三月三十一日に釈放されている。

拡散

斎藤太治男が院長室に届けたO・Hの手記は、コピーが六部取られた。大木は院長室に学長の石田武雄と事務局長代理の松田重夫を呼び、Oの手記を読ませた。手記のコピーは他の理事三人にも渡された。そして、その日のうちに東京地方検察庁にも提出された。翌三月二十四日は、春木の二度目の拘置延長期限で、起訴か不起訴かを決めることになっていた。

「こんなことがあり得るでしょうか」

まず石田が口を開いたという。「K」は法学部長の小林孝輔で、イニシャルになっているほかの教授らもすべて実在する。確かに手記の内容は具体的だが、しかし「T子」という女子学生や「不動産業早坂太吉」など、そんな得体の知れない連中と法学部長が手を組み、春木免職を謀る必要がどこにあるのか。

四年前、昭和四十四年（一九六九）夏の大学紛争のときは、警察の協力を要請する直前まで行った。当時、造反派の指導的役割を果たしていたのが小林だ。小林は警察が学内に入るのを阻止するため、他の四学部長と共謀し、辞表を提出した。このニュースをいち早く夕刊で報じたのも「朝日新聞」だったわけだが、三月二十日の同紙による春木事件のスクープの五日前、三月十五日にも、やはり小林は「腸炎」を理由に突然、学部長辞任の意向を伝えてきている。事件発生の責任を取ったとは考えられない。

大学紛争時の報道や春木事件のスクープなどで、小林は朝日新聞出身という噂が教員の間に広がり、そう信じる者もいた。小林はよく検事や新聞記者に友人知人が多いことを吹聴していたという。現在は名誉教授の須々木斐子も「朝日ではなかったが、どこかの新聞社にいた」と当時、耳にしている。

小林は自己顕示欲が強く、春木と似た一面もあったらしい。人に対する好き嫌いがはっきりしており、「青学生え抜き」で一回り年上の春木とはまったく合わなかったようだ。また、小林は手品が上手く、機嫌がいいと学生たちにも披露して人気を博したという。小林の手品は、深町正信も院長時代に見ており、なかなかの評判だったと私に語っている。

ともかく、春木事件は突然、降って湧いたように起こった。新聞記事で初めて知った大学関係者のほとんどがそう思った。密室での男女の問題で、客観的に見て教授が不利なのは明白だったが、「暴行」されたと訴えている学生の不可解な行動にも数々の疑問が湧いた。

三月二十三日に院長室に届けられた助手O・Hの手記には、「早坂太吉が恐喝し、同教授より一千万円を出させ、さらに辞任させ、もって大木院長体制を打破することを決議」とか「早坂による恐喝及び青山学院に三千万円にのぼる金額を請求」との内容もあった。Oの手記はごく限られた幹部の間で読まれたものだが、主だった教職員にはその日のうちに噂となって広まった。

O手記が大学から東京地検に持ち込まれたのも同じ三月二十三日の午後である。事件の真相を伝えるものではないかと、東京地検は緊張し、ただちに上層部にも報告した。だが翌二十四日、二度目の春木の拘置延長期限が切れる間際で、東京地検は起訴の判断を下した。起訴か不起訴か迷ったら起訴しろ、ということか。

院長命令

東京地方検察庁は大木金次郎に、春木猛と法学部長の小林孝輔の関係についても細かく訊いている。さらに、春木の助手O・Hが手記の内容を大木院長宅で告白したときの状況や、付き添った斎藤太治男との関係なども訊いている。大木は検事にありのままを答えた。青森の裕福な家庭で生まれ育った斎藤については、八戸工業大学の職を世話したのも大木だったし、機会があれば青山学院に戻ってほしい人材だと言い添えた。

斎藤は金瀬薫二弁護士の事務所でも、大木宅でもOと一緒だった。東京地検は、一時は共犯も疑い、斎藤を数回にわたり呼び出した。また、小林のアリバイを調べ、むろん事情聴取も行った。早坂太吉も同様だった。しかし、いずれも形式的で、本気さが窺えない緩いものだった。

小林は検事が帰ったあと院長室に出向き、Oの手記はデタラメばかりで自分は無関係だ、名誉棄損で訴えたいぐらいだと報告している。大木は、院長室を出ていく小林の背中を目で追いながら、本当に春木を敵視していないのか、何をどこまで知っているのかと訝《いぶか》った。春木は学長の石田武雄に接近し、「国際部」の設立に奔走していた。敵視とまでは言わないまでも、そんな春木を小林は鬱陶《うっとう》しく思っていたはずだ。大木は内線番号表を取り上げ、ダイヤルを回した。院長室には誰もいなかったが、大木は声が洩れぬよう気遣い、受話器に手を添えた。しばらくして相手が電話に出ると、大木は声を低めて言った。

「須々木先生ですか。大木です。春木研究室のO助手をご存知ですね」

「顔ぐらいは知ってますが、あまり話したことはありません」

「今度の春木事件に関する手記を書いた人物です。一度、彼に会ってどんな人物かを探ってくれませんか」

「私は六年前に専任講師で来て、二年前に助教授になったばかりです。学内はもちろん、法学部のこともまだよくわかりません……」

「青山の内情を知らないからいいのです。とにかくOに会ってみてください。お願いします」

須々木斐子を面接し、その経歴、能力を評価したのは大木だった。須々木が教授になるのは三年後の昭和五十一年（一九七六）、そして教育企画調整室長に抜擢され、大木の最側近になるのは七年後の昭和五十五年（一九八〇）のことである。

大木の命を受けて当時助教授だった須々木がOに会ったのは、手記が届けられた三日後の三月二十六日である。須々木は院長室近くの、側近しか使えない部屋にOを呼び出した。おずおずと入ってきた大柄なOの第一印象は「見た目に反して気の弱そうな男」というものだった。須々木はOの手記に半信半疑だった。

大学における助手の立場ほどあやふやなものはない。現在でも任期三年がほとんどで、なかには一年という者もいる。任期中に教授に尽くし、認められて講師に昇格するか、あるいは別の大学の公募に応じるか、留学してキャリアを積むか。Oは春木の推薦によるアメリカ留学を目指していたが、まだ内定には至ってなかった。須々木はOと一時間ほど話し、手記のどこに虚偽があるかの見当をつけた。また、手記の内容以外の話も聞き出した。大木にはその日のうちに報告した。そしてこの翌日、三月二十七日に、Oは渋谷署に逮捕された。

後藤田正晴官房副長官

O・Hの「人物」について須々木斐子の報告を受けた翌日の三月二十七日、院長の大木金次郎は全官僚トップの後藤田正晴官房副長官を訪ねている。大木は丁重に頭を下げ、春木事件の真相を解明するための教示を後藤田に乞うた。すでに後藤田は東京地方検察庁より持ち込まれたOの手記を見ていた。大木はかねて懇意にしていた中曾根康弘に後藤田を紹介されており、親しいと言うほどではなかったが、旧知の間柄ではあった。

実は後藤田は、春木猛が渋谷署に逮捕された三月三日に、警視庁の上層部から報告を受けていた。有名私立大学の内紛も絡んだ現職教授のスキャンダルである。告訴された以上、起訴して有罪にすべきだと後藤田は即断した。警察、検察の幹部も同じ見解だった。この種のトラブルをうやむやに済ませてはならない――。

三月二十七日はOが逮捕された日でもあるが、大木が後藤田に会ったこの日から数日して、官房副長官の「教示」があった。それは、もう春木事件には関わらないほうがいいというものだった。もし関われば、大学も大木もスキャンダルに巻き込まれる、一教授のトラブルに院長が口出しをすべきではないと、後藤田は大木を諭したのだ。

ほどなくして大木は、院長室で東京地検の検事による事情聴取を受けた。Oの手記の登場人物について細かく訊かれたが、先にも触れたとおり、大木は知っていることをありのまま答えるしかなかった。手記の内容も、容易に信じられるものではなかった。むろん大木なりに心覚えはあったが、検事が必要とするような具体的な確証はなく、あくまでも憶測でしかなかった。

後藤田正晴は春木事件の前年、昭和四十七年（一九七二）七月七日の第一次田中角栄内閣発足と同時に、警察庁長官から内閣官房副長官に就任していたが、検察、警察への影響力は絶大だった。四十八年（一九七三）十一月二十五日、参議院選挙出馬のため辞任、翌四十九年（一九七四）七月、郷里の徳島選挙区から立候補している。しかし郷里とはいえ、ほとんど足を踏み入れていなかった後藤田は、農協出身で地元密着の現職、久次米《くじめ》健太郎に四万二千八百二十二票差で敗れた。久次米が十九万六千二百十票、後藤田が十五万三千三百八十八票だった。

このとき私は、東京から約一ヶ月間、徳島に出張し、話題の選挙区を徹底取材していた。毎日のように後藤田に張り付いたので、選挙戦後半はすっかり親しくなり、何かの折に春木事件について聞いてみた。後藤田は「ああ、そんなのあったなあ」と、笑ってとぼけた。

「あのとき、青山学院の大木院長に会われましたか」

「覚えてないなあ」

投開票の翌日、私は後藤田に徳島市内の青柳《あおやぎ》という料亭でご馳走になった。「お互いにご苦労さん」と、後藤田は苦笑しながらビールの入ったグラスを掲げた。選挙期間中、東京から来て取材を続けた記者は私一人だった。ビールを飲み干したあとしばらくして、私は再び春木事件を話題にした。後藤田はきっぱりと言った。

「君、大学でも普通の会社でも男女のトラブルは、トラブルになった時点で男の負けだ。まして大学の先生が自分の研究室に女子学生を連れ込んだ以上、合意なんて通らないよ」

のちに「カミソリ後藤田」と言われた男も、このときの選挙は生まれて初めて味わう挫折だったろう。後藤田は二年後、昭和五十一年（一九七六）十二月の総選挙で初当選している。五十四年（一九七九）十一月には第二次大平正芳内閣の自治大臣、五十七年（一九八二）十一月二十七日には中曾根内閣の誕生とともに官房長官となった。

「全くデタラメな作り話」

昭和四十八年（一九七三）三月二十七日に渋谷署に逮捕され、取り調べを受けたO・Hは、四日後の三十一日に無罪放免となったが、しかし四月九日、今度は東京地方検察庁に逮捕された。二度目の逮捕である。東京地検に大木金次郎が持ち込んだ手記と、渋谷署の逮捕時に書いたメモについて、さらに細かくOを追及するためであった。同日、四月九日夕刊の毎日新聞社会面が、四段見出しでOの逮捕を報じている。

「青山学院大法学部教授の春木猛（六三）が教え子を乱暴した事件の捜査の過程で、春木の弟子が『事件は春木教授の反対派の陰謀で起こった。真相はこれ』という内容のデタラメ報告書を作成し、東京地検に提出した事件があり、同地検は九日、横浜市神奈川区六角橋三、青山学院大嘱託職員、

O・H（二七）を証拠隠滅の疑いで逮捕した。

調べによると、Oは教え子のA子さん（二四）――同大文学部学生――を乱暴して逮捕された春木を救おうと三月二十二日夜『青山学院大法学部教授、春木猛の強姦致傷に関する事件の真相について』と題する報告書を作成、その中でこの事件は青山学院大の法学部部長や教授、文学部の元助教授、A子、A子の父親、それに自分を含めた学内の反春木派が春木教授を追落とそうと仕組んだものと〝暴露〟し、翌二十三日東京地検に〔大学が〕提出した。報告書には陰謀の経過や、女性が春木に接近する経過などがくわしく、まことしやかに書かれていたが、東京地検の捜査で報告書は全部デッチ上げとわかり、春木は三月二十四日婦女暴行致傷罪などで起訴された。

報告書の内容は作りごととは思えないほど迫真性があり、Oも『私も加担したが、反省している』と自己批判、一時は〝陰謀説〟が真実ではないかという見方が地検内部にも生まれたほど。

Oは四十三年青山学院大法学部を卒業後、同大学院修士課程を修了するまで春木の講座を受講しており、現在、春木の主宰する『スピーチ・クリニック』の事務手伝いをしていた。春木の推薦でことし八月米国のラバン大学に留学が決定していたという。

Oは『春木教授を助けたいと思ってやった』と犯行を認め、同地検は学内に共犯者がいるのではないかと追及している」

紙面のOは実名だが、A・T子は「A子」となっている。また「元助教授」まで実名が用いられているが、本書では省いた。Oが三月二十三日に斎藤太治男八戸工業大学助教授を通じて大木に提出した手記は、その日のうちに東京地検に届けられていた。手記を補足するメモも、東京地検は先にOを逮捕した渋谷署から入手していた。記事の内容から判断すると、「報告書」とは手記とメモを指している。

三月二十三日に院長室に届けられたOの手記の内容は以後、青山学院外にも漏洩した。渋谷署はこの時点でも、Oをもっと徹底的に調べ上げるべきだった。逮捕してわずか四日後の無罪放免は解せない。

四月九日にあらためて東京地検に逮捕されたOは、結局「催眠術にかけられたように、全くデタラメな作り話を書いてしまった。春木先生を助けたかった」などと曖昧な供述をし、同二十日に不起訴処分となった。渋谷署もそうだが、東京地検のぬるい対応にも首を傾げざるを得ない。

ではなぜOは、「全くデタラメな作り話」を書く必要があったのか。手記やメモの内容はすべて虚偽なのか。青山学院大学法学部を卒業、同大学院に学び、アメリカ留学が決定していたOは将来、母校の教壇に立ちたかった。酒好きでいささか軽率なところはあったが、虚偽証言が自らの立場を利さないことくらいはわかっていたはずだ。そこまでして春木をかばう必要などない。真偽の割合はともかく、手記のなかに何か「事実」があったのではないか。渋谷署も東京地検もなぜか手ぬるい。当初から春木起訴しか頭になかったかのようだ。

稲田實のルポ

春木事件を取材した一人にルポライターの稲田實がいる。稲田は事件の七年後、昭和五十五年（一九八〇）の初夏、すでに二度三度と転居していた元助手O・Hの自宅を探し当て、神奈川県下のマンションの一室を訪ねた。マンションは田畑が囲む新興住宅地にあった。Oは昭和四十八年（一九七三）四月九日の二度目の逮捕から約四ヶ月後の八月に、予定どおりアメリカ留学を果たしていた。しかし帰国後は青山学院への復帰が叶わず、一般企業のサラリーマンとなっていた。訪問の意図を予め手紙で伝えておいた稲田を、Oは戸惑いながらも招じ入れた。部屋には若い夫人と幼い子どもがいた。夫人は冷たい飲み物を出すと、席を外した。

「実は結婚するときも、女房には事件のことは何も話しておりません。先方の両親にも。率直なところ、貴方とお会いするのは迷惑なんですが、お手紙ももらっていますし」

Oはそう切り出した。しかし自宅への訪問が許された以上、何か話してくれるはずだと稲田は思い、当時の資料を取り出した。

「こんなもの信用しているのですか」

やや太り気味のOが一瞬、目を鋭く光らせた。手記などの内容について稲田が質すと、Oは平然と言い放った。

「書いたことは、みな伝聞ですからね。――伝聞なんて、証拠能力なんかないですからね」

稲田は「まあしかし――」と応じた。「その状況を示す補強証拠として必要な場合もありますからね」。

大学院で民事法を専攻したOは、こんなことなら刑法をやっておけばよかったと呟いた。稲田には冗談とも本気とも聞こえた。そしてOは繰り返し言った。

「要するにあれは伝聞ですからね。全部が本当っていうわけじゃないのですよ」

天井を見つめ、当時のことを思い出しているかのようなOに、稲田が尋ねた。

「そうすると、あの手記には事実でないことも含まれているのですか」

Oは明言を避けた。Oの手記には虚実あると見られていたが、少なくとも春木猛の免職を謀議した当事者だと稲田は睨んでいた。稲田がノートを取る諒解を求めると、Oは強く拒んだ。

「私の名前を出すのなら貴方を告訴しますよ」

険悪な空気になり、稲田はひとまずノートを閉じた。以後、雑談を交わすも、話題はどうしても春木のことになった。

「先生はね、思っていることを何でも胸の中にしまっておけない性格なんでね。だから僕のように先生の傍にいて愚痴話でもなんでも聞いてあげる人がいないと駄目なんですよ。どんなことでも何かあると、すべて話をする。英語に関しては自分が一番だという自負もある。多少のハッタリや自慢話もあるけど、全てを吐き出さないと先生は欲求不満になる。先生は隠しだてが出来ない性格でしてね。それだからウソも言わない。それが先生の良い所なんです」

そしてOは呟いた。

「一度、春木さんのことを離れて一緒に飲みたいですね。何処かで――でもやっぱり春木さんの話題になっちゃうかなあ」

稲田はO宅に午後一時すぎから三時半ごろまでいたが、「真相」に迫ることはできなかった。

同年の「サンデー毎日」は「事件7年目の暗部摘出！　春木青山学院大教授事件　女子大生暴行7つの疑惑」として、五月二十五日号から七週連続でキャンペーンを張っていた。その最終回の七月六日号に、稲田は「事件6《ママ》年後、X氏に会った！」と題し、O取材の顚末を書いた。稲田は「サンデー毎日」取材班の一員だった。稲田はさらに五年後の昭和六十年（一九八五）、登場人物のほとんどを仮名としつつ、取材の成果を『青学大元教授の罪と罰　仕組まれた罠・女子学生レイプ事件』（オリジン出版センター）にまとめた。

稲田の『青学大元教授の罪と罰』は労作だが、取材不足も見られる一冊だ。たとえば小林孝輔について、本文では「林高介法学部長」となっているが、「マスコミ出身らしい」と朝日新聞の元記者だったかのような書き方をしている。そのような事実誤認は小林の経歴を調べればすぐにわかることだ。『利権水脈』などの著書もあるベテランのルポライターらしくない。

事件の前年、昭和四十七年（一九七二）の九月に、Oが知人の結婚式の帰途、早坂太吉経営の赤坂のクラブに行ったのは確かだろう。そこでA・T子に会ったのも事実だろう。ホステスのT子がOを接客し、またの来店を誘ったことは想像に難くない。酒好きのOは早坂の店に通うようになり、友人知人とよく飲みに行っている。Oは小林も案内したはずだ。そうでなければ小林と早坂が結びつかない。

あるいは、小林はすでにT子に誘われ、早坂の店に顔を出すようになっていたのかもしれない。T子は文学部教育学科の学生だったが、体育局でアルバイトをしていたので、法学部の教員と顔見知りだった可能性もある。親しい同級生が法学部の小林のアドバイザー・グループにいたとも考えられる。

いずれにせよ早坂経営の赤坂のクラブは、小林を中心とする法学部教授らの溜まり場の一つになっていた。小林らは教授会などのあと、必ず夜の街へ繰り出しており、早坂の店にもたむろしていた。金瀬薫二弁護士の事務所で録音されたOの「告白」のテープ起こし原稿を丹念に辿ると、それらのことがよくわかる。

法学部では教授会後、親しい教授らが「二次会」と称し、渋谷近辺の小料理屋などに必ず集結していた。当時、法学部には派閥のようなものが三つほどあったが、春木はどのグループにも属さず、いつも単独で行動していた。もともと酒が強くない春木は、あくまでもアメリカ仕込みの個人主義を貫いた。

不動産業界を渡り歩いてきた早坂から見れば、大学のセンセイはまるで世間知らずの子どものように映ったことだろう。当初はOや法学部長の小林を利用する気などなかったかもしれない。しかし、いつか何かに使えると、直感したのではないだろうか。Oには留学資金を援助するとまで言っている。

小林らの話題には春木の名が何度も出ていた。ほとんどが悪口だった。悪意はなかったかもしれないが、彼らは春木の傲慢な態度や自信に充ちた話しぶりにうんざりしていた。院長の大木金次郎とは「青学生え抜き」という絆で繋がっていると吹聴し、学長の石田武雄とは国際部新設で緊密な連携を取り、実質的に「副学長」のような立場だと春木は周囲に漏らしていた。『青山学院大学五十年史』の記述からもそのようなニュアンスは汲み取れる。法学部教授会はもともと大木院長体制に反目していた。早坂の店で頻繁に春木の話題が出たのも、ごく自然の成り行きだろう。

早坂の店で反大木派の教授らが春木免職の謀議を凝らしたとまでは言い切れない。ただ酒が入り、春木批判がエスカレートしたことは容易に想像できる。確かに大木と春木は同じ「青学生え抜き」だったが、実際には性格も考え方も違っていたし、私の取材では、一般に思い描かれるような親しい先輩後輩の仲でもなかった。むしろその逆だったと見る教職員も少なくなかった。しかしながら人はまず相手の肩書や経歴を見る。親しい仲にでもならない限り、その先入観は固定され、独り歩きする。大木や石田との関係を良好と吹聴した春木に、羨望や嫉妬、そして批判の目が注がれたのも無理はない。手記やメモにはない記録が残されたOの「告白」のテープ起こし原稿からは、そのような場面が浮かんでくる。赤坂のクラブでの小林らの会話は当然、早坂の耳にも入っただろう。

第三章　証　言

保釈と手記

春木猛は昭和四十八年（一九七三）五月三十一日に保釈された。

その直後から春木は、友人知人に宛ててさまざまな手記をしたためている。取り調べを受けたさいの状況については、筆圧強くこう記している。

「三十九日間、渋谷警察署の留置場にいた間に六回にわたって私は地検に押送《おうそう》され、そのうち四回は検事のところへ呼び出されて取り調べを受けたが、四回のうちの二回は地検の地下室の設備の悪い所で、朝から八時間ぐらい待たされた揚句、午後五時から九時近くまで取り調べられた。また他の二回は終日一枚の板の上に腰をかけさせられたまま、呼び出されもせずに帰された。

突然の逮捕と留置場生活とで精神的にはショックを受け、肉体状態にも急変を来たし、悪寒、下痢、不安感に苦しめられたとき、八時間も地検の地下室に置かれたのちの供述調書は、言葉を選ぶことも、十分に判断して答えることも満足に出来る筈はなかった。

そのときの供述調書は起訴される直前の最後の日、八時間待たされたあとの五時ごろから夕食も与えられず、少しの休息も与えられない調書の作成であった。それだけでもどれだけの疲労苦痛を与え得るか、実際に被疑者として待った者のみが知り得、覚り得る事であろう。若い被疑者たちでさえ我慢しきれず、担当検察官に対しわめいたり怒鳴ったり、文句を言い続けているのだ。このような待ち時間のあと、更に夜の九時まで起訴寸前の調書作成である。人道的な配慮などはどこにも見られない。もっと書きたいことはあったが、すでに午前四時半である。少し眠らなければならない。今回はこれで一応ペンを置く」

「起訴される直前の最後の日」とは三月二十三日を指す。春木がこのくだりを記したのは保釈より三週間余のちの「昭和四十八年六月二十三日」だが、回想された取り調べの状況は拷問と言える苛酷なものであった。

また手記には、助手のO・Hについて触れたくだりもある。

「Oは法学部在学中、私の『英法書購読』を取るようになって名前を覚えるようになった。このクラスでは一番よく出来た。法学部卒業のときはトップ三人の中の一人であった。修士号を獲得する前後、スピーチ・クリニック・オフィスの学生雇員《こいん》となった。法学部博士課程の試験を受けたがドイツ語の試験成績が悪くパスしなかった。そのため何処かの会社に勤めるようになったが、半年ほどして大学に戻って来てクリニック・オフィスの嘱託職員になった。

よく仕事をするし器用なので仕事のチャンスを与え、学内外の催しや会合に連れて行った。昭和四十六年（一九七一）のヨーロッパ研修旅行団（七十五人）のアシスタントとして同行させた。その際、携帯用テープレコーダーを持参して英国はじめ他の国で語られているいろんな種類の『生きた英語』をテープに収めてくるよう求めたが、意外にもOはこの任務を果たさなかった。

毎晩のごとく男女学生を連れて酒を飲みに出かけ、ホストファミリーからクレームがついたりした。帰国後、次第に態度が横柄になり、勤務態度も良くなくなった。年に二回の春木アドバイザー・グループの旅行も次第に学生の気の合った者とOですべてを決め、私に相談しなくなった。その頃から彼の金遣いが荒くなったと周囲から聞いている。

彼は博士課程入試で、私が応援してくれなかったと、周囲に不満を漏らしているが、ドイツ語の成績が二十点台か三十点台でこれが致命的であった。私は専門外で口出しは出来なかった。私はドイツ語の力を付けて再挑戦すべきであると忠告したが、そのまま放置した。

それでも私は彼のために米国ラバーン大学法学院に留学出来るよう労を取り、特別の推薦状や親しい有力教授に手紙を書いておいたところ、『受け入れ可能』の返事を貰ったので、このことを彼に言い、大いに喜んで感謝してくれた。Oは『米国で二ヵ年生活出来る費用として四千ドルの用意は出来ていますす』と答え、私は『奨学金も取れると思うし、要は留学すればあとは何とかなるよ』と返事した。彼は嬉しそうだった」

春木はOが「昭和四十六年のヨーロッパ研修旅行」からの「帰国後、次第に態度が横柄になり、勤務態度も良くなくなった」と言っている。また「その頃から彼の金遣いが荒くなったと周囲から聞いている」ともあり、Oに環境の変化が生じたことが窺える。つまり私は、T子を通じてOが早坂と知り合った時期に重なると見ている。

春木の手記には、ほかに「検察官論告を聞いて」など膨大な反論もあるが、まずは起訴から判決までの、第一審公判における春木、A・T子、検察官、弁護人らのやりとりを中心に振り返っておきたい。

A・T子に対する検察官の訊問

昭和四十八年（一九七三）七月六日の東京地方裁判所における春木事件の第一回公判は、検察官の冒頭陳述で始まった。冒頭陳述とは、要するにA・T子の主張に沿って、被告の春木猛を断罪しようとするものだ。冒頭陳述に続き、検事がT子に訊問した。検事とT子のやりとりの要点を公判記録より整理する。

「証人はここにいる春木という人をご存知ですね。講義を受けたことはありますね。教室以外では、二月二日に大学の構内で、初めて個人的に立ち話をしたわけですね。どちらが先に声をかけたのですか」

「突然、君はAさんでしたね、と言われてびっくりしました。それから就職の話をしました。今度、教室で就職の参考になる話をしてあげると言われました」

次に二人が会うのは二月九日金曜日の正午で、大学近くの「レバンテ」で食事をしている。春木のおごりだ。T子の供述調書によれば、そのとき春木は、同年秋に「国際部」ができ、人事を任されているので、「貴女のような優秀な人を入れたい。大学に残って私の秘書のような仕事をしてほしい」などと誘っている。一方の春木自身も、調書には残っていないが、そのようなことをT子に言ったと、取り調べ中の雑談で刑事に明かしている。この春木自らが口にしたT子に対する誘いの言葉は、重要な意味をもつことになるのだが、先を続ける。検事の訊問だ。

「国際部の話は、もう決まっていると明言したのですか」

「はい。ほとんど決まっていて、学長からすべてを任されていると言いました」

前述のとおり、三月十三日の町田和夫渋谷警察署署長による石田武雄青山学院大学学長の聴取内容に従うなら、「二月九日」の時点で「国際部開設」は「正式に決定していない」。春木が人事を任されていたわけでもない。しかしながら『青山学院大学五十年史』によれば、「国際部」は翌昭和四十九年(一九七四)四月一日付で設置され、その内容も春木の構想と一致していた。人事権はともかく、『五十年史』は国際部開設に尽力した春木の行動を裏づけている。ではなぜ春木は、すでに高島屋への就職が決まっていたT子に、設置準備中の国際部の話をする必要があったのか。

T子の証言によれば、次に春木は、二月十一日の表参道のユニオン教会での日曜礼拝に誘っている。教会には外国人も多く集まり、説教も英語だから、「君には勉強になるだろう」と言っている。礼拝後、春木はレポートの採点を手伝ってほしいと言い、T子を「特別教室」に「連れ込んだ」が、目的を果たせず、さらに別棟の「研究室」へ移動した。春木の主張では、この移動のさい、二人は肩を組み合うように親しく並んで歩いたことになっている。一方のT子は「引きずられるように連れて行かれた」と証言している。

そして二月十三日に、T子は再び「研究室」に行った。少なくとも二月二日からの十二日間で、二人は四回も会っている。年齢は離れているとはいえ男女がこの短期間に四回だ。「大学の構内」

でもレストラン「レバンテ」でも「ユニオン教会」でも「特別教室」でも「研究室」でも、二人は一緒だった。各自の言い分はともかく、その状況だけ見れば、恋愛感情のようなものが芽生えていたと捉えても不自然ではない。

また「二月十三日」について言えば、七月十八日の第二回公判で、検事がT子に中尾栄一代議士のことを訊ねている。

「あなたは衆議院議員の中尾栄一という人をご存知ですね。先の証言では、二月十三日の晩に会う約束をしていたとのことでした。お会いになりましたか」

「はい、お会いしました」

「中尾さんとは、どこで会いましたか」

「レバンテという喫茶レストランの前で会いました」

「中尾さんに会うということを、春木被告に話しましたか」

「午後七時に人に会うと言いましたら、誰に会うのかとしつこく訊かれましたから、仕方なしに話しました」

「その晩、中尾さんと会ってから、証人はどこへ行き、食事をしたのですか」

「場所は覚えていません。車で行きましたから、どこだかわかりません」

以降、中尾について、検事はT子に何も問わなかった。どこで、どのように知り合ったのかなど、もっと突っ込んで訊くべきことがあったのではないか。だが検事は、別の訊問に移った。

「いま証人は被告に対して、どのような気持ちでしょうか」

「はい。憎しみだけです。まず私は健康を損ないました。また就職もだめになりました。明日への希望も、今のところございません。それから、もしかしたら将来、結婚への道も閉ざされてしまったのかもしれません。結局この事件のおかげで、私のすべての人生は覆されたわけですから、これまでかかって築いてきました私の人生の基盤は、みんなゼロになってしまいました」

このT子の発言を、春木はどのような思いで聞いただろうか。たとえ「研究室」での行為が「合意の上」のことだったとしても、公の場でそう言われてしまうと立つ瀬がない。法廷にいた傍聴人は粛然としたことだろう。

「私は女にとって、結婚と処女性とは結びつくものだと信じておりました。男女間の性というものは神聖なものだと思っておりました。それが今回の事件で暴力をもって肉体を奪われて、私の健康も就職も、結婚への道も閉ざされてしまいました。しかしこれは私自身の問題で、たとえ春木がどんな罪に服そうとも私の生涯からは消え去るものではありません。私自身が自己の犠牲において、乗り越えて行かねばならないものだと思っております。けれどもこの事件を私自身が告訴したことによって、青山学院大学から春木教授が追放され、私のあとに第二、第三の犠牲者が出ないことを念じて、今は告訴に踏み切ってよかったと思っています。

私は教師というものに対しては、信頼と尊敬しか持っていませんでした。その教師と名のつくケダモノから、しかも神聖な大学の構内で暴行を受けたということについては、春木を絶対に許す気になれません。日本の法律に照らして、厳重に処分していただきたいと思います」

「被害者」の証言としては充分である。

とはいえT子の行動に、説明のつかない怪しいものがいくつもあったことは事実だ。二度三度と「研究室」で「被害」に遭っていること、また「暴行」直後、「教師と名のつくケダモノ」に、バレンタインデーのチョコレートを、しかも好意を表したカードを添えて届けていることなどだ。T子の矛盾した言動はほかにもたくさんある。

三月二十日の朝日のスクープで、他の新聞や週刊誌などもあと追いで派手に伝え、「事件」は世間の知るところとなった。以後、T子もT子の父親もマスコミの取材に積極的に応じた。たとえば「週刊現代」の昭和四十八年（一九七三）四月十二日号では、T子は「この場に春木がいたら殺してやりたい」などと、かなり過激な発言で国際ジャーナリストの大森実に応えている。

A・T子に対する弁護人の訊問

次に、金瀬薫二の事務所の中堅のK弁護士とA・T子のやりとりの要点を、公判記録より整理する。以下、弁護人の訊問から始める。

「あなたは二月二日に校庭で偶然、先生にお会いしたときに、高島屋の外人を担当する部署に就職したから、英会話の指導をしてほしいと言いましたね」

「そんな話をしたことはございません」

「九日の正午にレバンテで先生と一緒に食事をしましたね。それはどういう意味ですか」

「英語の教師に英語の相談をするのは当たり前だと思いますけどね」

「その食事のあとで、十一日の日曜日にユニオン教会へ一緒に行くことになりましたね。証人のほうから希望したのですか」

「私のほうから希望したことなんか一度もありません」

「そういう話が決まったあとで春木は、今から二人でホテルへ行こうとあなたを誘いましたか」

「誘われましたけども私は断りました」

「十一日にあなたは一時間近くも遅れて行きましたね。行ったときに春木はどこにいましたか」

「教会の外で私を待っていました」

「どちらが先に相手を見つけましたか」

「私が先に先生を見つけました」

「そのとき証人は春木に、先生遅れてすみません、と言って、先生の胸にすがりついたのですね」

「すがりつく必要などございません」

「そのときあなたのまぶたには涙があふれていたのですね」

「私が泣く必要があるのですか？」

「春木はそのように記憶していますよ」

「うそです。絶対に大うそです」

「それからあなたは被告と二人で礼拝堂に入りました。そのあとで教会の外で写真を撮ってもらいましたね。そのとき外人に紹介されましたか」

「いいえ」

「春木は紹介したと言っていますよ」

「私は知りません」

「地下室の食堂でお茶を飲みましたか」

「いいえ」

「春木は二人でお茶を飲んだと言っていますよ」

「うそです。うそを言っているのです」

「その後、二人で食事をとりましたね。大通りのハンバーガーの食堂でした」

「覚えていません」

「さらにその後、二人で大学へ行きましたね。何のために祭日に学校へ行ったのですか」

「レポートの採点を手伝ってくれと言われたからです」

「レポートの採点を学生に手伝わせるようなことは絶対にないと春木は言っています。特別教室に入ってから、あなたはもう一度、約束の時間に遅れてすみませんと、先生の胸にすがりついて謝りましたね」

「違います。教会の前で一度、謝っただけです」

「あなたがすがりついたのを、春木が抱きかかえるようにして、いいんだよ、いいんだよとなぐさめたのではありませんか」

「勝手な想像でものをおっしゃらないでください。私はそんなことしません」

検事に対するときと、春木の弁護人に対するときのT子の態度は明らかに違う。K弁護士に対しては手厳しく突っぱねるか、挑戦的だ。K弁護士はさらに粘っている。

「二月十三日は火曜日ですね。あなたの証言によると、その日もまた春木に暴行されたことになっていますが、しかしそのときにあなたは春木に『先生ひげを剃ったのね、今日はひげが痛くないわ』と言ったようですね。そういう記憶はありませんか」

「いいえ、ございません」

「あなたは二月十三日の五時に先生の研究室へ行って、暴行の直後に逃げ出して、七時には中尾議員と約束があるので、約一時間もぶらぶら時間をつぶしたと言いましたね。ところが、あなたは春木に、七時に人と会う約束があるので行かなくてはならないが、『つまらないわ』とか『男ってみんなやきもち焼きなのね』などと言ったのではありませんか」

「お話を勝手に作らないでください。そんなことを言うはずがありません」

「私は話を作ったりしません。春木がはっきり覚えています」

「うそです、みんなうそです」

「証人は、二月十五日の午後二時に先生の特別教室でビデオフィルムの再生をするから立ち会ってほしいと、お願いしましたね」

「私、何のお話だかよくわからないのですけど」

「そこで春木は、こんなことを他人に聞かれると具合が悪いから、『偶然、私がその席へ行ったことにしよう』と言いましたね。それは確かですね。するとあなたは微笑して英語で答えていますね。『ハプン・トゥ・ビー』つまり偶然に——という意味ですね」

「それはいつのことですか」

「二月十三日の研究室です」

「とんでもない、根も葉もないうそです」

「非常に微妙な話で、大事なことなのですがね」

「微妙も何も、身に覚えのないことです」

「そうですかね。その日あなたは六時前に研究室を一人で逃げ出したと言っておられますが、本当は七時ギリギリまで先生の研究室にいたのではありませんか」

「いいえ違います。私の言うことを信じてください」

「先生の研究室を七時ごろに二人で並んで出たのではありませんか。そして二人で校門のほうへ歩いていった。その途中で岡野勇治一般教育課長と偶然一緒になった。そして彼は春木と二人で、気候の話などをしながら校門の外まで歩いていった」

「そんなこと、知りません」

「そうですか。しかしその課長も確かにそういうことがあったと証言しているのですよ」

「それは誰か他の人でしょう。私ではありません」

「しかし、これだけははっきりした証拠がありますよ」

「人違いです、私ではありません」

T子は平然と突っぱねている。しかしこの証言をめぐってT子は再度、異例の法廷訊問を裁判官から受けることになる。

春木猛とA・T子の対決

法廷で被告人春木猛がA・T子に直接対し、言葉を交わしたのは一度きりだが、わずかなやりとりで終わっている。同じく要点を公判記録より整理し、再現する。

春木「T子さんによれば、私たちが初めて私語を交わした日は二月二日ということになっています。つまり私があなたに職が決まりましたかと話しかけて、そのことから二月九日、レバンテでの昼食になったと記憶していますが、校庭ですれ違ったとき、春木先生と声をかけられて『私は高島屋の外人を担当する係に就職が決まりましたので、国際的なことや英語のことなどについて教えていただきたいので、先生、会ってくださいますか』と言われましたね」

T子「記憶しておりません」

春木「そんなはずはないでしょ。私は大変に忙しいので昼食の時間を利用しましょうと言って、二月九日と決めましたね。そのときあなたは『先生と偶然出会ったときに私の名前を覚えてもらっていたし、昼食をご馳走してくださるなんて、ほんとに嬉しいわ』と言いましたね」

T子「私の名を覚えてもらって光栄だなんて、思ったこともありません」

春木「いま申しました国際的なことや英語について教えてほしいというお話でしたから、あれ以来、私は一生懸命にT子さんのために役立つならばと努力したのです。あなたの成績を見ると非常に優秀であることを知り、字は大変に上手でしたし、そういうことをお話したのは覚えておいでで しょうね」

T子「覚えておりません」

春木「その直後でしたか『音声英語特殊訓練法』というNHKの英語講座でも使った私の小さい本を差し上げたと思いますが、まちがいありませんね」

T子「記憶にございません」

春木はお世辞まがいのことまで言い、T子は木で鼻を括ったような返事を繰り返している。さすがに春木はたまりかね、話題を変えた。

春木「三月三日に私は突然、任意出頭というかたちで渋谷署に参りまして、逮捕状の被疑事実というものを見せられ、大変に驚きました。つまり、私とあなたの思いに天と地ほどの差があったということを知り、何とも言えず驚いたのです。私はその刑事の取り調べにおいても、T子さんに対する信頼を少しも失わず……」

T子「しらじらしいことは言わないでください」

T子はそう叫び、春木の言葉を遮っている。公判記録からわかるのは、T子にとって春木はもはや恩師でも何でもなかったということだ。しかし春木はひるまず、なおも言葉を続けた。

春木「その刑事さんは、あなたが私を『社会的にも国際的にも必ず抹殺してやる』と言っているんだぞと教えてくれましたが、あなたは今でも、本当に私を怨んでいるのでしょうか」

T子「ケダモノの声なんて聞きたくもないです」

T子が冷淡に言ってのけ、二人の対決はこれで終わっている。以後、二人が再び言葉を交わすことはなかった。公判では、続いてK弁護士と裁判長がT子に短い質問をしているが、特筆すべきものは何もない。

春木猛に対する訊問

十月二十四日の第六回公判になって、春木猛に対する訊問が行われた。A主任弁護士は裁判長に公開禁止を求め、傍聴人をすべて退廷させた。非公開となった法廷では、まず弁護人による訊問が行われた。同じく公判記録より要点を整理し、春木の答弁から再現する。

「二月九日にレバンテを出るとき、私は店のマッチを五つほど手に取り、二つか三つT子さんに渡しました。自然に手が触れ合いました。これはいかんと思って、私は手を離そうと思ったのですが、彼女が離さないので、珍しいなと思って。私も悪い気はしません、男ですから。そして、そのまま店を出ました。

二月十一日、教会から大学まで行く途中でT子さんは、家では父や兄、みんなの靴をピカピカに磨いて、玄関に並べておくのが大好きなんです、などと非常に機嫌がよく、少女のように話しつづけました。

二人だけで特別教室に入って、私がいきなり抱きついたと彼女は言っているようですが、絶対にそんなことはありません。まったくの作り話です。特別教室では、彼女が私の唇を待っているように見えたので、初め私は少しだけ接吻しました。ところが意外だったのは、私が接吻したと同時に、彼女は口を開けました。そんなに大きく開けたわけではないのですが、はっきり開けました。今の若い人のことはよく知りませんが、彼女は経験者なのかな、という印象を受けました。そのとき二人はまだ部屋のなかで立ったままでしたが、私は大腿部の接触を感じました。自然に向こうから接触してくるのを覚え、それで一層激しく抱擁したわけです。

そんな考えは初めから私にはありませんでした。偶然起きたのです。彼女が接触に積極的で、好意的であるということに対して私も、純粋な気持ちで応じる格好になってしまいました。彼女の行動はすべて大変に自然で、ある意味、積極的に私をリードするような具合でした。彼女は明らかに何かを予想し、あるいは期待している格好でした。そして彼女が、私の膝から長椅子《ソファベッド》の上にずり落ちたのです。わざと彼女が次の姿勢を求めたのかもしれません。嫌だとはいくらでも言えたはずです。しかし一度も拒否されることはなく、何もかも大変に自然でした」

「あなたは彼女を矢庭に押し倒して馬乗りになり、押さえつけたのではありませんか」

「そんなバカなことはありません。私はそれほど欲望に燃えてもいないし、彼女に対してそうしなければならないという理由は何もありませんでした。私は剣道もやりました。兵隊にも行きましたが、人をねじ伏せたことは一度もありません」

「T子さんは被告の行為をどのように受け取っていたのでしょうか」

「はい。一言で言えば、彼女は楽しんでおりました。そのうちに電熱器で身体が熱くなったので『脱がないか』と言ったら『ええ脱ぐわ』と自分で脱いで全裸になりました。私が脱がせたものは一つもありません。彼女は以前からお尻が大きいのを気にしていたようで、『私のお尻を見ちゃいや』と言いました。友人からT子さんはお尻が大きいわね、と言われていたらしいのです。

その後しばらく二人で横になったまま、話をしました。そのときの二つの言葉を、私は今でもはっきり覚えています。『私、女に生まれてよかったわ』と『今、私、本当に幸せ』です。こんなこと、作って言えるものではありません」

非公開の法廷だったとはいえ、青山学院大学法学部の元教授が、ここまで明け透けに証言するには、それなりの覚悟を要したことだろう。弁護人は何度か入れ替わり、訊問を続けたが、三人の検察官は黙然として何一つ質問しなかった。もしT子の供述を真実だと考えていたのなら、十月二十四日の第六回公判における春木の証言のどこかに、矛盾や隙を見つけ、それを突くこともできたはずだ。

早坂太吉に対する訊問

公判の日程は前後するが、むろん早坂太吉も証人として出廷した。裁判官も検察官も、第一に糾《ただ》すべき点、早坂がロックアウト中の大学構内にどうやって入ったのかを訊ねていない。この点を突き詰めれば、案内役となった助手のO・Hが浮かび上がったはずだ。にもかかわらず追及しようとはしなかった。裁判官および検察官と早坂の主なやりとりを、公判記録より整理し、再現する。
裁判長「あなたは検察庁の取り調べのさいに春木の助手に会ったことがあると疑いをかけられていますね。O助手に春木特別教室で会ったのは初めてではなかったのですね」
早坂「いいえ。それはまったくの間違いです。うちの事務所の二階の酒場で、その人に会っていたという話もありましたが、全然、覚えがないのです」
検察官「あなたは二月十五日に突然、春木特別教室に出向いていますが、春木への金銭的な要求は一度もなかったと言っています。金銭以外の解決として、何を求めたのでしょうか」

早坂「T子の父親のAの姿を見ていまして、僕も春木に一緒に会いましょうと。それで、相手が頭を下げて謝れば、僕が仲に入って。T子も嫁入り前の娘ですから、週刊誌なんかに出されては困ると思って。解決というのは、とにかく春木が謝ってくれれば、その時点で何とか話をつけることができると考えていまして」

検察官「それをなぜ早く春木に教えてあげなかったのですか」

早坂「僕、言いました。金で解決なんか絶対だめだから、先生、僕と一緒にT子の両親に頭を下げて、そうすれば僕も何とか会長に話しますから、と言いました」

「会長」とはT子の父親だ。ちなみにこの公判記録の欄外に、春木は赤鉛筆で「大ウソ」と記し、二重マルをつけている。裁判記録に戻ろう。裁判長が再び早坂とO助手の関係について訊いた。

裁判長「先ほど、あなたは春木の助手と会って、何か疑いをかけられたという話をしましたが、それはどういうことですか」

早坂「僕が検察庁に呼ばれたときに、あんたOという人に会ったことがあるだろうと言われたのです。うちの事務所の二階の酒場、つまりクラブですね、そこで会ったことがあるはずだと。どういう話をしたのかと問われたのですが、僕は会ったことはないですよ。Oという人に会ったのは今度が初めてです」

早坂とOの関係については、裁判官も検察官も繰り返し質問してはいるが、追及の手は頗《すこぶ》る鈍い。前述のとおり、Oの手記やメモには春木免職の謀議が書かれていた。「不動産業早坂太吉」はもちろん、「原顧問弁護士、K教授、I教授、O教授、E元青学助教授」なども登場していた。「T子」

も「春木教授を誘惑する役目の女子学生」となっていた。少なくとも、Oを取り調べた渋谷署は手記やメモの内容を知っていたし、東京地方検察庁にも調書とあわせ送付されていた。裁判官や検察官の早坂に対する訊問は、わざと核心を外したものとしか思えない。

論告求刑

年が明けて昭和四十九年（一九七四）一月十七日、検察官による論告求刑が行われた。検察官が列挙した証拠はほとんどがT子の供述に基づいていた。冒頭で「各証拠によって証明十分であると信じる」と述べているが、第三者を納得させるものは何もない。「被告人はいきなり私を抱きすくめ、ソファの上に押し倒し」とか「私はあまりの痛さに痛い痛いと叫んで被告人を押しのけ」など、渋谷警察署や東京地方検察庁でのT子の供述をそのまま「証拠」としている。

また、証拠物は先に触れた洗濯済みの下着や二通の診断書で、いずれも「暴行」を裏づけるものではない。診断書については、証人の医師が弁護団の訊問に「患者が痛みを訴えた」とだけ答えている。一般教育課長だった岡野勇治の目撃証言については、正門の守衛にそれを否定する供述をさせている。そして、O・H助手の手記やメモについては、検事が次のような説明をした。

「証人O・Hは被告人春木が逮捕された事実を知り、被告人春木が処罰されるのを免れさせるため証拠隠滅偽造することを企てた。昭和四十七年九月ごろ、青山学院大学教授二、三名、本件被害者T子、早坂太吉およびO等が早坂太吉経営の酒場に集まり、被告人春木を失脚させるためT子が被告人春木を誘惑した上、被告人から姦淫されたとのスキャンダルを起こすことを謀議し、本暴行凌辱事件はこの共謀に基づき、被告人春木教授を陥れるために仕組んだものである旨の内容の虚偽の文書を作成して、捜査当局に提出した事実が認められる。しかしOは被告人の恩義に報いるためにこの所為に及んだものであり、犯行時および犯行後における被告人の言動を子細に検討してみると、被告人が本件の露見を防止し、万一露見した場合に備えて別の証拠を作成することに努力している状況が明白に見て取れるのである」

趣旨の見えにくい説明だが、要するにOの手記やメモは「虚偽の文書」で、春木猛が事件の露見に備えて作成した「別の証拠」という扱いをしている。そして、春木を助けるためにOがデッチ上げた「虚偽の文書」は捜査を混乱させたものの、起訴には値せず、不起訴処分にしたと検事は述べた。手記やメモの具体的な内容を、なぜ検事は一つ一つ丁寧に調べなかったのか。

そのほか「暴行の程度もきわめて強かったと、同女の証言により認められる」などと述べているが、いったい「同女の証言」にどれぐらいの信憑性があるのか。ただT子がそう言ったというだけで、客観的な証拠はない。春木の主張はことごとく否定され、あるいは無視されている。

また検事は、二言目には「改悛の情」がまったく見られないと言っているが、春木はあくまでも「合意の上」だと主張しているのだから、「改悛の情」など示すはずがない。

論告求刑はT子側の供述を一方的に採用し、「被告人を懲役四年に処するのを適当と思料する」と結論づけた。

最終弁論

検察の論告求刑のあと、三人の弁護人による最終弁論が行われた。まず主任弁護人が立った。

「この両人は通例の単なる教授と女子学生というよりも、それを一歩踏み越えた、さらに昵懇《じっこん》な心の触れ合いを覚える交際の域に進んでいたものと見るのが妥当な社会常識ではないだろうか」

四時間十分に及んだ弁論の冒頭で、主任弁護人のAはこのように述べている。

「ところが起訴状は二月十一日、十三日の前後三回にわたる両人の密室での接触を目して、すべてこれ、被告春木が終始、女性の拒絶を無視し、反抗を押しのけて一方的に敢行した所以《ゆえん》なりとする。そんな凡《およ》そ世の常識に反する、まことに奇怪、不可思議な事象がこの世に在り得るものであろうか。検察官見解の如く、本件をただ単に被告人の暴力、脅迫乃至《ないし》甘言の結果と断ずるには基本的な一大疑問の深い陰影を如何《いかん》ともし難い。ある意味で本件は司法常識の健全度を問う事案とも見られよう。その健全な社会的常識からすれば、二人の間にはある程度の昵懇な心の触れ合いが確かにあったと思われる。二月九日のレバンテでの昼食のあと、T子は立ち上がって先生の後ろからコートを着せかけているし、教会前では先生のカメラの前に立ってポーズを取り、艶然として微笑んでいる」

「しかも第一現場から春木研究室の第二現場までの二百メートルをT子は『逃げられないように捕まえられていた』と供述しているが、春木はそれを『相思相愛の二人のごとく』と言っている。心の愛ではなく、欲情の色が濃かったかもしれないが、互いに求め合うかたちであって決して相争うかたちではなかったと見るのが健全な常識である」

「だからT子が再三暴行を受けたという春木先生に対してバレンタインデーのチョコレートを贈っ

て『親愛なる』と書いたことも、彼女にとって何の矛盾でもなかった。のちに『あんなことはこれでおしまいにしようと、私はそういうつもりでした』とT子が供述しているのは、あまりにも苦しい弁明であった。かく考察すると、特別教室から春木研究室までの過程は、何ら作為も不自然さもなく、被告人の説明供述を採るほうが正しい」

「慈恵医大医師の診断書は、告訴状や起訴状に記載された本件暴行の証明ではなく、却ってA・T子の身体には暴行被害者としての傷跡がどこにもまったく認められないことを明らかにした文書と解される。のみならずこの女性には本件とはまったく別個の過去における経験があったと見るべきではないか。

被告人が詳細且《か》つ具体的に供述するのに対して、T子の供述は自己に不利な部分をすべて否定または記憶外と述べて責任を回避し、この怜悧《れいり》な妙齢の女性が、大衆の眼の届くレストランで、何か尖った刃物のようなものを被告人から突きつけられて、次に逢う予定の日をメモにしたためて手渡すことを強要されたに至っては、あまりにも芝居じみて、信憑性など全く論外というほかない。その後T子本人は自衛及び保身と悔恨失意の心情から、振り返って被告人の善意さえも悪意に解し、ひたすら事実を歪曲している。被告人は、同女の主張、言動が余りにも心外なのに驚き、かつ訝って、当初から何人《なんびと》かとの通謀の計略で、自分を刑事、民事の落とし穴に引きずり込む意図があったのだろうか、さもなくば二月十三日、正門前で立話をして別れたのち、何か催眠術にでもかかってしまったのではないだろうかなどと、思案にあぐみ果てている」

「かくして両者ともに傷つき躓《つまず》いてしまったことは不幸の極みであるが、これをもって被告人の一方的な暴力犯罪となし、全て被告人の仕組んだ奸計と言うに至っては凡そ不条理、常識の外である。告訴の筋を多く吟味することなく、その辻褄を合せるために、社会通念、経験則に沿わない無理な立論、立証が必要となったのではないか。公訴事実の立証はすべからく公正明朗であるを要する。蒐集《しゅうしゅう》証拠の提出、撤回、差し控えなど、攻防の単なる技巧術策を弄するのは、事件の真相を把握する所以でないと信ずる」

主任弁護人のAは検察の姿勢を常識外の無理な立証と断じ、事件を真相から遠ざけていると痛烈に批判した。そして次のように述べ、最終弁論を締め括った。

「被告人は教師としての道義的責任は十分に自覚し深く反省しているものであるが、それは刑事責任とは全く別個の問題と言わねばならない。すなわち本件は、明白な無罪である。被告人は本件告訴の故に突如として拘禁の身となり、永年の努力の末に築き上げた大学の教職をはじめ、すべての公的社会的地位を失い、家庭生活もまた危機に瀕している。その損失はまことに甚大であり、一刻も早く公正かつ明快な裁判のあらんを期待する」

若手弁護士の主張

続いて若手のS弁護士が立ち上がり、「本件はまことに不可解な事件であります」と切り出した。

「被告人は、大学に対する道義的責任を痛感して教職を退く決意を固め、辞意を表明し、T子側と談合の交渉を続けていたところ、二月二十一日朝方先方から、突如交渉を打ち切り告訴に踏み切るとの連絡がありました。なぜ突然の打ち切りなのか。起訴後四日目には、この女性は某週刊誌の記者と三時間に及ぶインタビューに応じ、その問答は逐一掲載されました。さらに人手に渡るはずのない彼女の上申書の一部が他の週刊誌に公表され、この女性は記者と問答を重ねて、自分がいかに被告人に暴行されたかを、公然と述べているのであります。これらはT子の自発的行為であったのか、それともT子の父親の会社の早坂社長や原弁護士らに操られていたのか、と疑わざるを得ません」

「公判廷において検察官は弁護人の度重なる申し出にもかかわらず、この上申書の開示を拒み続け、ようやく最終段階になって法廷に出したのであります。しかも不思議なことに某週刊誌は、この女性がいかに聡明で、その言うことがいかに正しいか、被告人がいかに悪いヤツであるか、チョコレートの贈り物は別れの意味であるとはっきりしている等々の某警察署長の談話を掲載しています。これがもし事実とすれば、公的責任の場にある者の言としては誠に遺憾至極であります。女性側の言い分が一方的に同情的に報道されたのに反し、被告人側の弁明は軽くあしらわれ、恥じ知らずと罵られ、嘲笑と顰蹙《ひんしゅく》を買うばかりでした。公判前の状況としてはまさに異常の一語に尽きる思いがしたのであります。マスコミは片手落ちで冷静さも慎重さも失っていると嘆息したのであります。被告人は九十一日間の苦しい拘禁生活にもかかわらず、一切の暴行を否定し、合意の上の行為であるとの主張を曲げず、これを貫き通してきました。その供述は首尾一貫して今日に至るまで変わるところはなかったのであります」

「検察官は冒頭において、本件は被告人により周到に準備された計画的犯罪であり、被告人は早くからこの女性に目をつけ、機会を窺っていたかの如くに決めつけて、その主張を展開しております。

しかし、どこにそのような証拠があるというのでありましょうか。それは紛れもない客観的事実や明白な証拠に基礎を置くものではありません。ことごとく女性の供述が全て真実であることを前提としての議論であります。女性の証言が間違っているとすれば、検察官の主張は全て崩れさるものであります。この女性の証言はそれ自体矛盾に充ちており、証拠によって動かし難い客観的事実と全く符合しないことが顕著に現れているのであります」

「およそ刑事裁判において、事実の認定は厳格な証拠に拠らねばなりません。正義と基本的人権の保障に徹せんとする新憲法下の刑事裁判においては、有罪の認定には合理的な疑いを差し挟む余地がないまでに立証されねばなりません。疑いの余地のある限り、有罪の認定はできない。即ち疑わしきは罰せずとは刑事裁判の鉄則であります。人権の侵害と保障とは紙一重の厳しいものでありす。それゆえに、事実認定は神を畏れるような厳粛な気持ちで行われねばなりません。しかも刑事訴訟を貫く精神はフェア・プレイの精神であります。原告被告双方が正々堂々と振る舞うことであります。裁判所がそのように仕向けることであります。私は法曹の一員としてそのことを、深く肝に銘じております」

「本件はその発端から公判開始まで、およそ異様なものがあり、公正な刑事裁判に翳《かげ》りを与えるようなものでありました。刑事裁判には少しの翳りもあってはなりません。それはいやしくも人間を断罪し、貴重な生命や自由を奪う結果となるものであり、常に正々堂々たるものでなくてはなりません。本件事案の流れ、この法廷に顕出《けんしゅつ》された人証と物証のすべてを平明率直に理解する限り、この被告人を有罪と断じ、重い懲役刑を科せるでありましょうか。あまりにも多く、また深く合理的な疑念を差し挟む余地がありますのに、その疑念を留めたままで、この女性の証言するところを真実と断じて、有罪の判決を下すことができるでしょうか。私はいかなる意味においても被告人は無罪であると確信しております。この種の事件においては犯人がいかに否認しようとも、女性の肉体や着衣、あるいは周辺の状況に抜き差しならぬ暴行の痕跡を止めるものであります。それは刑事担当の法曹の誰もが熟知する事実であります。本件でそのような、首肯《しゅこう》するに足る暴力の痕跡はどこにもないのであります」

「相手がいかに美貌の若い女子学生であったとはいえ、六十歳を過ぎた老教授が、学院内の研究室で、相手を引っ叩き、手を捻《ね》じ上げ、捻じ伏せて、野獣の如く襲いかかって凌辱するなどということが、しかも二日間に三回にわたって繰り返したということが、あり得るでしょうか。広く内外に名を知られた、名誉ある学者であります。女性の必死の抵抗を排し、前後の見境もなく野望を遂げるようなことが考えられるでしょうか。

ともあれ被告人はあれからまる一年、あらゆる屈辱と困苦に耐え、いっさいを失って悪戦苦闘してまいりました。自らの不明を恥じ、学院の名誉を傷つけたと深く詫び、懺悔の念禁じ難きものがあり、日夜懊悩《おうのう》を続けております。夫人も肉親も悉《ことごと》くが罵られ哄笑を受け、言語に絶する苦難を嘗《な》めてまいりました。裁判所は本件事案の真相について、既に充分な心証を得られたものと思います。しかし真実は何であるか。その真相をどうしても確認出来ない場合は、疑わしきは罰せず。刑事裁判の大原則を貫く以外に道はありません。ひたすらに正義と真実を求め、人権保障の精神を貫かんとする本義に徹し、公正にして納得のいく裁判を得たいというのが、私の弁論のすべてであります」

Ｓ弁護士は熱弁を振るったが、しかし主張するところは「消極的無罪」だった。「完全無罪」とするためには、もっと具体的な証拠を示す必要があった。

助手Ｏ・Ｈの手記やメモなど、検察側は「証拠」を法廷に提出しなかった。Ｏの手記やメモには法学部長の小林孝輔や早坂太吉なども登場し、彼らが春木免職を謀ったと明記している。検察はＯの「妄想」と一蹴しているが、裁判所は手記に登場する全員を証人として法廷に呼び、証言させるべきではなかったか。疑問はいくらでもある。

最終陳述

昭和四十九年（一九七四）三月三日、逮捕からちょうど一年後、春木猛は以下の十一項目を以て最終陳述とした。

1．私は教師としての道義的責任については十二分に自覚し、かつ反省して、身をさいなんで居ります。

2．しかし暴力をふるって女性を痛めつけたという事実は、全く身に覚えのないことであります。従ってこの刑事的責任を問われるのは、全く心外の極みであります。

3．私は、少なくとも私の関知し得た限りにおいて、この女性がこの事件について申し述べ、あるいは主張してきたことが、すべて嘘で織り成されていると断言してはばかりません。

4. この女性を誘惑したり、あるいは弄んだりするような気持ちは微塵もなく、全く純粋な気持ち、正直さ、また熱意をもって接していたのでしたが、突然連絡が切れ、その態度が急変したと知らぬまま、思わぬ逮捕となり、わけがよく解らぬうちに急転直下、奈落の底に突き落とされてしまうようなありさまとなったのでした。

5. 私は本件によって一切の地位、名誉、信用まで一挙に失ったのみならず、さらに私の家族はもとより近親者たちまで、予期せぬ様々の苦難と屈辱に直面せねばならなかったのです。

6. 息子の私がマスコミによって、虫けらの如くに扱われることに耐えきれず、私の母は死を早めてしまいました〔春木が保釈された五月三十一日に老母が急死している〕。

7. 私自身、幾たび死を思ったか知れません。

8. 生ける屍のように、またときには死以上の苦しみと闘いながら、何日過ごしたか分かりません。それでも百方手段を尽くして今日まで、妻子と共に耐え忍んで来られましたのは、これすべて公正な裁判にかけた最後の望みと信頼ゆえでありました。

9. 無実の者の死闘——これほど悲壮で真剣なものはないと、確信いたします。

10. 私はここに天地神明に誓って、私の無実を断言申し上げます。

11. 過去足かけ九ヵ月にわたる公判中、ご丁重な審理を受けたことに対し心から感謝申し上げると共に公正なご判断を仰ぎたく、切にお願い申し上げます。

異例の法廷訊問

春木猛の最終陳述から九日後、昭和四十九年（一九七四）三月十二日の午前十時に、東京地方裁判所刑事第八部がA・T子を呼び出している。突然のことで、また論告求刑が済んだあとに法廷訊問を行うのは異例だった。裁判記録によると、この日は裁判官二人、検察官一人、弁護人三人とT子のみが出廷している。検察官の論告だけでは判決を下せなかったようだ。事件が起きてから一年と一ヶ月が経過していた。

そのころT子は中尾栄一代議士の私設秘書となっており、議員会館に通勤していた。前年の告訴状提出後に教習所に通い始めたT子は、すでに自動車免許を取得していた。議員会館にも赤い小型自動車を運転し、通っていた。東京地裁に呼び出された三月十二日は欠勤し、出廷している。法廷では最初に若い判事が訊問した。判事、弁護士とT子のやりとりを記録より整理し、再現する。

「二月十一日に酷い目に遭ったというのに、二月十三日、またあなたは春木研究室に行きましたね。どういう訳ですか」

「まさかという気持ちでした」

「二月十三日の夕刻、あなたが春木研究室にいた時間は何時間ぐらいですか」

「何時間ではなくて、せいぜい十五分か二十分ぐらいじゃないかと思います」

「十三日の夕方、あなたが春木研究室から外へ出たときには、暗かったですか明るかったですか」

「暗かったです。真っ暗だったかしら？　辺りの暗さなんか気がつかなかったです」

二月十三日は冬至から五十日経っている。T子は午後五時に春木の「研究室」に入り、同二十分に逃げ出したと答えているが、もしそれが事実なら「真っ暗」になるはずがない。研究室にいた時間はもっと長かったのではないか。

次に弁護人が訊いた。

「二月十三日にあなたは一人で春木研究室を出られて、どこをどういうふうに歩いたか、今、記憶していますか。警察の取り調べのときは、裏の通用門から出たと言っていますね」

「はい、そうです。どこをどう出たか、覚えております」

この返答は、午後七時ごろ三人並んで正門に向かったという春木と岡野勇治一般教育課長の証言と食い違う。しかもその日はロックアウトで、裏の通用門は閉鎖されていた。岡野は通用門から出られず、正門に戻ったと証言していた。

再度、判事が訊いた。明らかに疑いの眼が向けられている。

「本当は五時半ではなく、研究室にはもっと長くおられたのじゃないですか。六時半か七時ごろまで」

「いいえ」

次に判事は、同日の春木とT子の会話について訊いた。

「春木被告は翌日、十四日は教授会で特別教室にはいないというようなことを、あなたに言ったのですね」

「はい」

「二月十三日に被告から聞いたのですね」

「はい」

「二月十三日の何時ごろお聞きになったのでしょうか。あなたはその日、春木研究室には十五分か二十分しかいなかったとおっしゃいましたね。すると、先生が明日は不在だという話は、いつ聞いたのでしょうか」

「覚えていませんけど」

「被告に暴行されているときに聞いたのですか。暴行後に聞いたのですか」

さらに弁護人からも二、三の訊問を受けたが、T子は自信なさそうに答えている。そして最後にこう証言した。明らかに狼狽《ろうばい》している。

「理路整然としていなくて申し訳ないんですけど、春木から教授会があると聞いたのは覚えています」

この日、訊問を受けたのはT子だけで、春木もほかの証人も出廷していない。とくに判事は「二月十三日」の何時にT子が春木の「研究室」を出たのかを正確に知りたかったようだ。T子の証言から窺えるのは、同内容の訊問が繰り返されたことに対するうんざりした気分が、しだいに不安と緊張感に変わっていく様子だ。

判決

A・T子が異例の訊問を受けた十六日後、昭和四十九年（一九七四）三月二十八日の午前十時から、東京地方裁判所で春木猛に対する判決が言い渡された。法廷にはT子、早坂太吉、弁護士の原則雄が傍聴に来ていた。T子の父親の姿はなかった。T子は髪を少し茶色に染め、薄くアイシャドーをつけ、爪は赤く塗っていた。

裁判長は抑揚のない声で「無職春木猛。明治四十二年十一月二十四日生まれ」「右の者に対する強制猥褻、強姦致傷、強姦被告事件について当裁判所は、検察官出席の上、審理をし、次の通り判決する」と、判決文を淡々と読み上げていった。

主文

被告人を懲役三年に処する

未決勾留《こうりゅう》日数六〇日を右刑に算入する。

続いて注目すべき文言が加えられていた。

本件公訴事実中、強姦の点（公訴事実第三）については被告人は無罪。

「公訴事実第三」とは「二月十三日」の春木とT子の間の出来事を指している。T子が「三度目」の「暴行」を受けたとする日だ。前述のとおり二週間余前の三月十二日、T子は異例の訊問を受けた。「二月十三日」に春木の「研究室」にいたのは「何時」までかと繰り返し質されたT子は、「十五分か二十分ぐらい」いただけで、午後五時半より前には外へ出たと答えている。このT子の証言に、判事は疑問を抱いた。三月十二日にあらためてT子を呼び出し、問い詰めたことで、「研究室」には午後七時ごろまでいたと判事は確信したのであろう。結果、「三度目」は「強姦ではなく合意の上」と判断したのだ。「三月十三日」について裁判長は「同女はむしろかなり長時間、同研究室に居て被告人と話をしていたのではないかとさえ思われるのである」と判決文に記している。

春木に下された判決は「懲役三年」で、執行猶予も付かない厳しいものだったが、一部は「無罪」となった。即日、春木は控訴した。しかし判決が下った当日に身柄を拘束された。そして春木はさらに二十数日間、「未決勾留」された。

第四章　展開

社会派作家・石川達三

青山学院大学春木猛事件の二年後、私は昭和五十年（一九七五）春の定期異動で社会部サブデスクから「サンデー毎日」のデスクに移った。同じく社会部デスクからセットのように異動した八木《やぎ》亜夫《つぎお》編集長の諒解を得て、私は面識のない石川達三に手紙を書いた。

戦前、『蒼氓《そうぼう》』で昭和十年（一九三五）の第一回芥川龍之介賞を獲った石川は、従軍作家として戦地に赴き、『生きてゐる兵隊』など良心的な小説を書いた。戦後は時代の世相を巧みに取り入れた新聞小説を書く社会派の流行作家となり、どの作品もタイトルが実に適切だった。『風にそよぐ葦』『四十八歳の抵抗』『青春の蹉跌』『人間の壁』『私ひとりの私』『金環蝕』『愛の終りの時』など、列挙すれば切りがない。

とりわけ昭和三十二年（一九五七）から三十四年（一九五九）にかけて朝日新聞に連載した、日教組闘争全盛期の、佐賀県の教職員組合に属する小学校の一女性教師が主人公の「人間の壁」は印象深い。連載小説のルールを無視して、三日も四日も闘争の檄文だけを延々と書くなど、内容的にも思い切りのいい野心作だった。「人間の壁」は当時、全国の教員の圧倒的な支持を得て、極端に言えば、小中高の先生のほとんどが朝日を購読紙にした。しかし石川は当時の文部省の反感を買い、結果的に文化功労者や文化勲章の対象から外されたと私は思っている。私と同意見だったのが山崎豊子で、石川が亡くなったとき、そんな感想を毎日新聞で述べていた。

手紙を出したとき、石川は文壇で引退者の如く扱われていた。だが、七十歳を超えてこそ「石川達三」でなければ書けないものがあると、私はかねて思っていた。返事はすぐに届いた。さっそく訪ねた田園調布の石川邸は、地味な佇まいだった。初冬の寒い日で、簡素な応接室からは、葉を落とした樹々を透かして広い庭を見渡すことができた。

私は二度三度と足を運び、連載小説執筆の約束を取りつけることができた。八木編集長と相談し、「サンデー毎日」のトップ、冒頭の二ページを空けて掲載した『独りきりの世界』だった。週刊誌の冒頭に連載小説を載せるなどという試みはあり得ないことだった。

『独りきりの世界』の連載が終わってしばらくしたころ、石川から連絡があった。

「確か青山学院の春木事件、君も取材したと言っていたねえ」

石川邸の応接室で向き合うと、いきなり切り出された。

「実はあるところから春木事件の資料を大量に持ち込まれてね。読めば読むほど不思議な事件だ。君も社会部時代に取材したと聞いていたから、感想を聞こうと思ってね」

当時は石川も私も、学内の奇妙な動き、また大物不動産屋や代議士が絡んでいたことまでは知らなかった。

「先生、やりましょう。『サンデー』で連載してください。できればノンフィクションの形式がベストですね」

その場で私は伝えた。編集長には事後承認してもらえばいい——。石川は春木事件の資料の読み込みを本格的に始めた。私も定期的に石川邸に通い、連載の準備を始めた。しかし連載開始までには、少し時間を要した。

「裁判官全員一致」

昭和四十九年（一九七四）三月二十八日の第一審判決を受け、春木猛は即日控訴した。以後、審理は高裁から最高裁まで及び、その都度、弁護団の編成は変わった。最高裁上告のさいの弁護団長には元大阪高裁長官の新関勝芳が就いた。そして四年後の昭和五十三年（一九七八）七月十二日、最高裁判所第一小法廷は上告棄却を言い渡し、春木事件の裁判は終了した。初犯にもかかわらず、また、疑問だらけの事件で懲役三年は重すぎる実刑判決であった。

上告棄却判決の「主文」は簡潔なものだった。まず「本件上告を棄却する」とあり、以下に「理由」を述べている。

弁護人新関勝芳、同池田浩三、同西川茂の上告趣意のうち、憲法三一条違反をいう点は、実質は単なる法令違反の主張であり、その余は、単なる法令違反、事実誤認、量刑不当の主張であり、弁護人川添清吉の上告趣意は、単なる法令違反、事実誤認、量刑不当の主張であり、被告人本人の上告趣意は、事実誤認、単なる法令違反の主張であつて、すべて刑訴法四〇五条の上告理由にあたらない。

なお、所論にかんがみ、職権で記録を精査しても、同法四一一条を適用すべきものとは認められない。

よつて、同法四一四条、三八六条一項三号により、裁判官全員一致の意見で、主文のとおり決定する。

昭和五三年七月一二日

最高裁判所第一小法廷

裁判長裁判官　藤崎萬里《まさと》

裁判官　岸盛一

裁判官　岸上康夫

裁判官　団藤重光

裁判官　本山亨

裁判官のなかに「団藤重光」の名を見つけ、私は驚き、かつ注目した。東京大学法学部教授も務めた団藤は、良心的な刑法学者として知られていた。

一七八九年のフランス革命のさいに発布された「人権宣言」は「すべての者は、犯罪者と宣告されるまでは、無罪と推定されるものである」と定めている。さらに一九四八年に国連総会で採択された「人権に関する世界宣言」も「刑事犯罪の訴追を受けた者は、すべて、自己の弁護に必要なすべての保障を与えられた公開の裁判において法律に従って有罪の立証があるまでは、無罪と推定される権利を有する」と定めている。そして団藤は、その著書『新刑事訴訟法綱要 七訂版』（創文社 一九六七）のなかで、次のような持論を展開している。

「犯罪事実および処罰条件たる事実の存在については、検察官が実質的挙証責任を負う。すなわち、かような事実の存在が積極的に証明されないかぎり、その事実がないものとして取り扱われ、無罪が言い渡されることになるのである。『疑わしいときは被告人の利益に』という法格言は、このような意味をもつものである。この原則はイギリスの刑事法を織り成す中の『黄金の糸』だといわれているが、わが刑事訴訟法においても同様といわなければならない」

そう主張する団藤が、上告書を読んだ上で、他の裁判官同様、春木側の訴えを一顧だにせず退けたことには、誰もが疑問を抱くのではないか。

最高裁の上告棄却から一ヶ月余、昭和五十三年（一九七八）八月十五日の午後一時、春木は親族や教え子らに見送られ法務省に出頭し、収監された。

「七人の敵が居た」

私が担当した石川達三の連載「七人の敵が居た」は春木猛収監の翌年、昭和五十四年（一九七九）の「サンデー毎日」九月九日号より始まり、五十五年（一九八〇）八月三日号まで続いた。単行本は帯に「迫真の裁判小説　有罪か、冤罪か、女子学生暴行事件をめぐる幾多の謎！　重厚な社会派作家の問題作」と銘打たれ、同年九月に新潮社から出ている（新潮文庫　一九八四）。男は家を出ると七人の敵がいると言われた。その伝に題名を求めた石川は、まず「これは未定稿である」と断り、次のように記した。

「誤解がないように、始めからはっきり書いて置かなくてはならない。是《これ》は虚構の物語ではなくて真実の記録である。

けれども、真実の記録であるが故に、どうしても解らないところがある。人間と人間の間の愛慾の関係、利害の関係、それに法律がからんで来れば、複雑怪奇、とても第三者には理解し切れない部分が出て来る。その理解し切れない不明の、不可解な部分をも含めて、是は一点の虚構もない真実の記録である。一番最初に起った不可解な事件が一番最後にならなくては理解できないような、そういう錯綜《さくそう》した事件の記録である。

問題のA氏もB嬢も、現に東京の街の中で生きて動いている。会おうと思えば明日にでも会える。だから是は物語ではなくて真実の記録であり……そして実はまだ終ってはいない、未完成の、従って不確実な記録である。

そういう次第でこれは後日何か新しい事実が発見された時には、すっかり新しく書き直されることになるかもしれない。だから今のところは（草稿）として、或いは（未定稿）として発表して置くより仕方がない。つまり今は真実と思われている事にも、（事実の裏に虚偽）がかくされているかも知れないのだ。……」

「七人の敵が居た」はノンフィクションの形式を採っているが、たとえば春木の名は「牧山」に、T子は「雪子」に変えられている。教授の住まいも横浜ではなく、千葉県の市川となっている。ほかにも助手のO・Hは「池田」、早坂太吉は「山形」、青山学院は「LM女子大学」となっている。世間は石川の連載を、春木事件がモデルの「小説」と受け取った。ゆえにと言うべきか、固有名詞や場所が実際とは異なることで、緊張感が伝わりにくくなった。「サンデー毎日」にはそのような感想が多くの読者から寄せられた。しかし、石川は「真実」に迫ろうと努力した。自らが記したどの作品よりも入れ込んでいたと、石川の仕事ぶりを側近くで見つめた私は思う。だが結果的には、フィクションでもノンフィクションでもなく、中途半端な作品になってしまった。失敗作とまでは言えないが、実験の域を出なかったと担当者の私は反省している。もっと「事実」「現場」に踏み込むべきだった。

石川は見かけによらず美食家だった。「七人の敵が居た」の挿絵を担当した画家の朝倉摂が、八王子にとびきりの鮨屋があると言えば、興味津々と足を運ぶような人だったが、石川が最も好んだのは銀座の胡椒亭だった。胡椒亭は現在の銀圓亭である。代官山の小川軒系列の胡椒亭は西洋料理で、オードブルが小皿で五、六品出て、スープ、メインと続いた。小川軒から独立した数人の、まだ二十代後半から三十代前半のシェフたちの店だった。

胡椒亭には、月に一度はお供をした。磨き込まれた木の床にテーブル席が六つ。オープンキッチンの前が六席のカウンター。ここが石川の定席だった。カウンター越しに見える料理人たちの機敏な動きも雰囲気を醸し出していた。そのカウンターに、「七人の敵が居た」の連載開始直後、私は石川と並んで座った。

「それにしても、おかしな判決だねえ」

石川が鯵のホワイトソースがけを切り分けながら呟いた。

「三度目は合意で、最初と二度目は暴行という判断が解せない。服を破られたり、手を捻じ上げられたり、殴りつけられたりして二度も凌辱された女子学生が、一日置いて再び教授を訪ね、今度は合意の上で情事を行うなんてこと、あり得るだろうか。十三日が合意の上だったのなら、十一日の件は、多少いざこざがあったとしても、それはお互いに認めたということだろう」

「女性というより、人間の心理としても考えられませんね」

「教授と女子学生は理解し合っていたんだよ。だから翌十四日にT子は『親愛なる』なんて言葉を書き添え、チョコレートを贈ったんだ。これでおしまいにするつもりだったなんてT子の供述は、誰が聞いても納得し難いよ」

石川は代議士の中尾栄一、不動産業の早坂太吉など、O・Hの手記やメモの登場人物を次々に挙げながら事件を分析した。

「早坂のクラブへOが行くようになったきっかけは、T子の誘いだろう。事件前年の九月に小林孝輔教授に呼び出されたと手記にはあるが、それが初めてのことだったのか、もっと以前のことだったのかはわからない。いずれにしてもT子に声をかけられたのがきっかけだ」

「小林学部長らが早坂のクラブへ行くようになったのも、Oの前後か。二次会で酒が入っているし、春木に対する悪口がエスカレートしたことも考えられますね」

「謀議というほど大袈裟なものでもなく、きちんとした計画じゃなかったと思うね。言い方は悪いが、瓢箪から駒みたいなものだ。T子が春木に近づいて痴話喧嘩でも演じさえすれば、あとは教授会で追及し、辞任を求めることができる。ほかの大学だって、こんなケースで辞任に追い込まれた教授は沢山いるからね」

それにしても裁判所での、弁護士に対するT子の答弁の品のなさには驚くと、石川は手帳を開いて呟いた。何度も見直してきたメモだ。

「弁護士さん失礼ですが私は生娘《きむすめ》でございました、とか、ポルノ映画でもご覧になったのですか、なんて、青山学院の女子学生が使う言葉じゃないね」

「二浪したT子は同級生よりはるかに大人っぽかったようですね」

「いったいT子って何者だろう。たとえ早坂と特別な関係にあったとしても、はいそうですかって、美人局《つつもたせ》みたいなことに協力するかなあ」

石川は盛んに首を振った。私がT子の「思惑」や「意志」を推定するのは、須々木斐子《すすきあやこ》名誉教授を知り、定期的に会うようになってからのことだが、むろんこの時点では、想像すらつかなかった。

小林らにとって、春木を辞任に追い込むまでは想定内だったろうが、逮捕は思いもよらない結果だったに違いない。早坂と顧問弁護士の原則雄にしたって、現在用いられる言葉を使えば、セクハラ騒ぎをT子に起こさせ、春木からいくばくかの金銭を脅し取ろうと軽く考えていただけではなかったか。早坂も原も告訴までは考えていなかったはずだ。告訴など明らかに常軌を逸している。いったいT子に何があったのか。ワインを白から赤に切り替え、私たちは話しつづけた。

社会派作家として一時代を築いた石川達三は、昭和六十年（一九八五）一月三十一日に七十九歳で亡くなるが、その半年前に私は見舞いを兼ね、近況報告をしに訪ねている。そのときも春木事件が話題となった。

「石川さんの志を継いで、あの事件をノンフィクションで書きたいという夢は捨てていません」

「連載が終わった直後も君はそう言っていたじゃないか。T子も三十七歳になるだろう。この東京のどこかにいるよ。何とか探し出して、是非書いてほしいね」

「必ず書きますよ」

突然、国会議員の選挙に出たり、若い人の小説が理解できなくなったと芥川賞の選考委員を辞めたり、石川は世間の注目を浴びたが、自らの信念を常に貫く存在だった。だが『七人の敵が居た』には、書きたいことを充分書き切れなかったという不満が残っている様子だった。

ちなみに石川が亡くなった「一月三十一日」は、春木の命日でもある。春木は九年後の平成六年（一九九四）に渋谷区のアパートで、無念のうちに八十四歳の生涯を閉じている。

「サンデー毎日」編集長・鳥井守幸

春木猛の「冤罪」を晴らすために執念を燃やした男がいる。「サンデー毎日」の編集長を務めた鳥井守幸《もりゆき》だ。鳥井は昭和七年（一九三二）一月十日、北九州市の生まれ。昭和二十九年（一九五四）三月に早稲田大学法学部を卒業、四月に毎日新聞社に入っている。福岡総局、大分支局を経て、東京社会部に来た。副部長《デスク》として社会部長の有力候補だったが、週刊誌のほうがやりたいことができると、昭和五十四年（一九七九）八月一日付で「サンデー毎日」編集長に移った。むろん新聞社では社会部長のほうが本流だが、「週刊誌はニュースを自ら創ることが可能だ」が持論の鳥井は、栄達など望んでいなかった。発想からして異色のジャーナリストだった。

出版社系の「新潮」「文春」「現代」「ポスト」などは、裁判沙汰さえ覚悟すれば何でもやれる。新聞社系はそうもいかないが、企画力とセンス次第では面白い話題を提供できる。「浜田幸一衆議院議員のラスベガス賭博事件」「青田昇巨人軍独白告白シリーズ」「後藤明生の（40歳のオブローモフ）四十歳からの奇妙な生き方研究」など、鳥井はユニークな特集をいくつも組んだ。最大のスクープは昭和五十五年（一九八〇）七月に終結した「イエスの方舟事件」だろう。鳥井独特の嗅覚とセンスが存分に発揮されたこのスクープは、マスコミ史上に刻まれている。鳥井の春木事件に対する姿勢を顧みるのに、イエスの方舟事件に触れないわけにはいかない。彼のユニークな発想が見事に開花しているからだ。

イエスの方舟事件は、新聞ではまずサンケイが昭和五十五年（一九八〇）二月七日付の紙面で取り上げた。「若い女性十人失踪。イエスの方舟に入信　東京で五十三年春から不明　ナゾの教祖と流浪か」という見出しで、記事の内容は次のとおりだ。

「東京・多摩地区から女子高生や女子大生、ＯＬなど若い女性ばかり十人が次々に失踪していることが、六日までに分かった。この女性たちは、全員が宗教法人の認可を受けていない極東キリスト集会・イエスの方舟――五十三年当時、東京都国分寺市日吉町――に『入信』しており、懸命に娘を捜す家族たちにイエスの方舟側は『娘さんたちはうちにはいない』といい続けていた。ところが一昨年五月、千石イエスと名乗る五十六歳の『教祖』が女性たちと一緒に突然姿を消してしまった。家族から捜索願を受けた警視庁防犯部は特別捜索班を作って捜査しているが手がかりはなく、女性たちは今なお『教祖』と共に放浪生活を続けていると見られる。

『イエスの方舟』は東京・国分寺、府中、小平市を拠点にして昭和三十五年ごろから多摩地区で活動していた団体で『教祖』格の男は、大阪市西成区山王のドヤ街の一室に住民登録している千石イエスこと千石剛賢《たけよし》氏（五六）。三十四年暮れ、大阪府堺市の磁気指輪のセールスマンを退職して同僚、家族ら八、九人と上京した。空き地にバラックやプレハブの『教会』を建て、歯ブラシやゴムヒモなどの行商や刃物研ぎをしながら共同生活。集団失踪する五十三年五月までの十九年間に七ヵ所の空き地を転々とした。

刃物研ぎの注文取りに多摩地区を回ったり、中央線沿線の駅前でパンフレットを配って『信者』を募り、バラック作りの『教会』や各市の市民会館、福祉センターなど公共施設で『聖書研究会』を開いた。ここでは『私はイエスの化身だ』『親は子どもを搾取する』『結婚は地獄』などと家庭や親子、夫婦関係を否定する『教義』を展開した」

イエスの方舟の共同生活者は千石以下二十六人にのぼった。うち男性は小学生二人を含む七人だった。家出した女性たちはプレハブの「教会」の二階部分に寝泊まりしていた。失踪者十人のうち、この時点で七人の家族が警視庁に捜索願を出していた。若い女性ばかりが失踪する異様な事件に、警視庁防犯部は昭和五十二年（一九七七）の秋、未成年誘拐などの疑いで本格捜査に着手した。

五十三年（一九七八）五月二日未明、千石は女性らをマイクロバスに乗せ、他の信者とともに失踪した。警視庁の捜査では、同年十一月まで千石と五人の女性が岡山市で共同生活を送っていたことがわかった。しかしその後の行方は掴めず、警視庁は大阪府警や岡山県警にも協力を仰ぎ、捜索を続けた。

五十五年（一九八〇）二月七日のサンケイの報道を皮切りに、「週刊文春」「週刊サンケイ」が二月十六日発売号で「第二の人民寺院か、キリスト教の革命か」「聖に名を借りて金の無心」「生活苦で女性は水商売に」などと煽った。ちなみに「人民寺院」とは、一九七八年に南米のガイアナで九百十八人が集団自殺を遂げたカルト事件を指す。また、二月十八日にはテレビ朝日が「アフタヌーンショー」で特集し、以後、十数回にわたって取り上げた。二月二十一日には衆議院予算委員会でも取り上げられ、読売新聞がこれを記事にした。三月二十日には朝日新聞が「『イエスの方舟』強制捜査へ」「警視庁・教祖に集団脅迫容疑」という見出しで、次のように報じた。

「警視庁のこれまでの調べだと、千石教祖と『方舟』の信者数人は、五十三年四月、教会内に止めてあったバスの中で、『方舟』の教義に疑問を持ちつつも入信し、自宅と教会の間を行ったり来たりしていた東京都三鷹市内の主婦A子さん（三六）に対し、口々に『お前のために教会が迷惑している。家族と縁を切るか、教会をとるか』などと、大声で脅した。

その日の深夜になって、夫や両親がA子さんを取り戻そうと教会を訪れた際、千石教祖は信者に指示して、A子さんの両腕を押さえて家族との面会を阻止させ、信者たちは口々に『うるさい』『出ていけ』などと、脅した。A子さんは翌日になって、両親のもとに帰った。防犯部はこの時の千石教祖らの行動が暴力行為等処罰法の『集団的脅迫』に当たるとして、この容疑事実で逮捕状をとるものとみられる」

だがこの時点で警視庁が逮捕状を取った形跡はない。一方、イエスの方舟側は各地を転々としながら集団生活を続けていた。そしてたどり着いたのが、九州の博多だった。博多ではマンションを借り、若い女性は仮名で水商売に勤めた。定期的に千石を囲んで教義を学び、集団生活は規則正しく行われていた。警察当局も手をこまねいていたわけではなく、そんな彼らを注視した。世間も疑惑の目を向けた。イエスの方舟には追及の手が迫りつつあった。

集団逃避行を続けるイエスの方舟側が採った手段は、のちに「レター作戦」と呼ばれるものだった。「私たちは間違ったことや、法律に触れるようなことは何もしておりません。教祖を囲んで、勉強しながら普通の集団生活を送っています。どうか理解して下さい」という内容の手紙を、マスコミ各社に送りつづけたのだ。

各社が無視するなかで唯一、反応したのが「サンデー毎日」編集長の鳥井守幸である。鳥井はイエスの方舟側の「手紙」をそのまま誌面化した。また、極秘裏に彼らを呼び寄せ、熱海の保養所に匿《かくま》った。そして鳥井は「極秘取材」と題し、三週連続で教祖千石の独占インタビューを載せた。これには毎日新聞社会部も含め、マスコミ各社が反発した。むろん警視庁も黙っておらず、イエスの方舟側を「保護」の名目で拘束し、騒ぎは収まった。

鳥井は警視庁に出頭を求められ、参考人として事情聴取を受けることになった。警視庁防犯部の聴取内容は、信者との接触方法や取材経過、事件全体の評価にまで及んだ。調書を読むと、事件に対する鳥井の姿勢がよくわかるが、たとえばイエスの方舟の存在、あり方について訊ねられた鳥井は、おおよそ次のように答えている。

「一つの社会的事件にすぎない。確かに『方舟』メンバーと、家出した女性の家族の間にはトラブルがあった。しかし、それは犯罪というより、日常的、市民的なトラブルだったと私は考えている。『方舟』の活動はあくまでも思想、信条、信教、結社、表現の自由に係わるもので、警察が介入すべきものではなかったのではないか。一連の捜査は警察力による『社会的制裁』としか思えない。警察はモラルを裁くべきではない」

　そして鳥井はイエスの方舟事件を、こう総括している。警視庁防犯部の調書より引用する。

「振り返ってみると、編集部と『イエスの方舟』メンバーとの遭遇は、通常の取材活動のワクを超えたものであった。当初、現代の神隠し集団、あやしげな邪淫集団としてマスコミに登場し、『サンデー毎日』でも一度は同様な視点から取材し、報道した。『方舟』メンバーは、その都度、新聞、テレビで報道された内容はいずれも事実に反すると、姿を隠しながらもおびただしい手紙を送り続けた。その行為も『レター作戦』『陽動作戦』として無視され、あるいは曲解され続けた。

　しかし『方舟』メンバー、家出女性から編集部に届く手紙、たとえ、それがコピーであっても、文体、筆跡、行間にただようものに、真情を訴える姿勢を感じ取っていた。確かに二年間も社会から身を隠し、多くの家出女性を抱えて、逃避行を続ける姿は異様ではあるが、だからといって異端視し、排斥し、犯罪集団として糾弾していいのかどうかという疑問は膨らむばかりであった。その後、二度にわたって、すべての先入観や偏見を捨て『イエスの方舟』からの手紙を原文のまま掲載したのも、そのような考えからである。

『方舟』メンバーが出現したあと、二十日間にわたる『サンデー毎日』の取材形態は『同乗漂流』『同時体験ドキュメント』という表現にふさわしく、ニュースの素材を距離をおいて客観的に冷静に見るといったものではなかった。そこでは取材者対被取材者というより裸の人間同士で生き方、考え方について互いに魂をぶっつけあう、そこから問題解決の芽をつかみ、そのこと自体がさらにニュースを生むという形態となった。マスコミ界で『ニュース・イベント』と呼ぶ場合、人為的、作為的なやらせの意味を含むことが多いが『方舟』取材は、それとはまったく異質な『ニュース・イベント』であった。編集スタッフもまた『方舟漂流』の一員だったのである。

『イエスの方舟』の漂流は、現代社会が抱える苦悩そのものであった。親子とは何か、夫婦とは何か、社会の常識、モラルとは何か。警察は何処までモラルを裁けるか。その、いずれの問いに対しても明確な答えは出ていない。『イエスの方舟』の漂流はまだ続いているのである」

詳細な経歴

イエスの方舟事件終結の翌年、昭和五十六年（一九八一）の六月十五日、青山学院大学元教授の春木猛が懲役三年の刑期を満了し、東京の八王子医療刑務所を出所した。

「サンデー毎日」編集長の鳥井守幸は、春木の出所を待っていた。とにかく直接会いたい。一日も早く会い、どんな男かこの目で確かめたい――。

事件発生直後から関心を寄せていたという鳥井は、週刊誌編集長という絶好のポストにいた。誌面をいくら使ってもいい。春木事件を徹底的に洗い直し、真実に迫りたい。いや、真実なんてどこにもないかもしれない。それならそれでいい。冤罪か否かという以前に、鳥井は春木とA・T子の「人間」そのものに興味を抱いていた。鳥井は常識では測れない「感覚」をもっていた。社では「あいつは異常者だ」などと言う者もいた。

鳥井が前のめりになる一方で、デスクも編集部員も、八年前の春木事件など過去のものと捉えていた。出所したとはいえ、今さら春木を追っても話題にはならない。雑誌も売れない。そんな意見が「サンデー毎日」編集部の大勢を占めていた。だが鳥井は無視した。

私はすでに昭和五十三年（一九七八）二月一日付で「サンデー毎日」編集部から編集局編集委員に異動していた。鳥井は、私が事件発生当時、院長の大木金次郎を取材したと知るや、すぐさま九階の出版局から四階の編集局に降りてきた。そして、そのときの様子を根掘り葉掘り訊いた。

鳥井はキザにいつもパイプを咥《くわ》えていたが、その口から出るのはいつも本音だった。七年も先輩の鳥井に、私は同僚のように親しんだ。八方破れで常識というものを疑う鳥井を、私は好きだった。今も昔も、毎日新聞社にこれほどの男はいないだろう。

どのような伝手をたどったのか、出所したばかりの春木を、鳥井がインタビューすることになった。東京一ツ橋の毎日新聞社での単独インタビューだった。その前日、編集委員室に居合わせた私に、鳥井が囁いてきた。

「早瀬、とうとう春木氏と連絡が取れた。社に連れてきて、単独インタビューをやろうと思う。明日だ。お前も立ち会わないか」

翌日から私は、和歌山刑務所へ長期出張することになっていた。

「鳥井さん、残念だけどダメだ。女子刑務所の取材がやっと実現する。鳥井さん独りで、じっくり訊いたほうがいい。テープ起こし以外は同席させないことだ。部員なんか一緒だと春木氏も気が散る。一対一で集中すべきですよ」

七年も上の先輩に、いつもの調子で私は生意気な物言いをした。

「和歌山から帰ったら是非聞かせてくださいよ」

「仕方ないなあ。独りでやるか」

単独インタビューにあたって、まず鳥井は春木の経歴を調べ上げた。詳細を極めたものだが、春木本人にどこまで取材したのか、そしてそれが事実なのか、首を傾げたくなるところもある。鳥井が調べた春木の経歴の要点を整理しておこう。

春木猛は明治四十二年（一九〇九）十一月二十四日、朝鮮総督府の前身である日本の政府機関の農林技師を父に、朝鮮で生まれている。朝鮮から日本本土に戻り、麻布中学を経て青山学院高等学部（現青山学院大学）を卒業、アメリカのオクシデンタル大学に留学している。オクシデンタル大学では政治学やスピーチ学などを学んだ。次いで南カリフォルニア大学大学院で国際法や社会学などを専攻、博士論文提出を前に父親が死去、帰国している。留学は昭和六年（一九三一）から十三年（一九三八）までだが、その七年間でアメリカと日本を行ったり来たりしている。

帰国後は青山学院専門部、日本大学予科理科（現理工学部）で教鞭を執った。戦後は米国教育使節団事務局嘱託から終戦連絡中央事務局嘱託となり、横浜、和歌山で渉外事務担当としてアメリカ軍に対応、また、極東国際軍事裁判所弁護局顧問、連合国軍総司令部民間情報教育局（ＣＩＥ）特別顧問なども務めたという。このような経歴からは、対米問題の解決に奔走する姿が浮かんでくるが、一方で、ハリウッドのワーナーブラザースの国際部顧問として、日本で上映されるアメリカ映画のチェックなども担当したらしい。前述のとおり、NHKの国際部にいた津田塾卒の夫人とも戦後、知り合っている。

その後、日本大学工学部教授を経て青山学院大学経済学部教授となり、事件当時は法学部教授だった。国際関係論、国際政治学、国際法を教えたほか、カルテを使った音声英語の矯正訓練を行う日本初の「スピーチ・クリニック」を開設し、海外で使える英語力の養成に実績を挙げていた。

学位は南カリフォルニア大学で「ドクター・オブ・フィロソフィー（博士号）」を、東北大学で法学博士を取得している。学術分野以外でも、ロバート・ケネディ来日時の歓迎会の司会、エドワード・ケネディ来日講演の通訳などで活躍。ジャパン・スピーチ・ソサエティ理事長、日本雄弁会会長、日本時事英語学会理事、国際法学会評議員、南カリフォルニア大学日本校友会長なども歴任したと春木は告げたという。

春木猛単独インタビュー

鳥井守幸の春木猛単独インタビューは、当日約五時間にも及んだという。以下はその記録で、「サンデー毎日」昭和五十六年（一九八一）七月十二日号の「春木元教授満期出所直後の独占インタビュー」より一部整理し、引用する。なお誌面には「青学大事件　春木元教授七十一歳　慟哭《どうこく》の叫び」「あと二十年は生きて無罪を証明する。私はこうして女子大生に暴行犯にされた」「春木元教授、事件の核心を語る」といった見出しが躍っている。

鳥井「まず、二年四ヶ月の刑務所生活を体験され、刑期満了の日を迎えられたわけですが、現在の率直な感想はいかがですか」

春木「いやー、ちょっと一言で言うのは難しいですね」

鳥井「どこからでも結構ですよ」

春木「ええ、事件から九年目に入ったわけですが、相当の苦痛、耐え難きを耐え、忍び難きを忍んできたわけです。苦しい期間だったですね。今でも苦しい。けれども耐える、ということを学んだ、と言うと大袈裟かもしれませんがね。大いに学ぶところはありました」

鳥井「でも、それは自ら蒔いたタネでもあったわけでしょう?」

春木「ええ、しかし、告訴の言葉、内容は、本当に全部ウソなんです。女性と仲良くなったのは事実ですよ。でもボクがあとを追っかけてって、追いまわした、そういうのとは違うんです。自然にそうなったんです。だから、ま、反社会的とか、不道徳的とか、ずいぶん言われましたが、そりゃ、どんなこと言われようと甘んじますけど、こっちには悪気はなかった。これは事実です」

鳥井「悪気はなかった、とはどういうことですか?」

春木「私はアメリカ生活が長かったものですから、女性を尊ぶ、女性を大事にするタイプであるし、そういう影響で女性の気持ちも大事にしようということはあったと思います。結局、法律上犯罪である、となったわけですが、あれは絶対に犯罪じゃありません」

鳥井「しかし、世間は『先生と教え子』という見方をしてしまいます」

春木「その枠組みで私はずいぶん非難されたわけですが、その不注意、それは認めますが、不注意だったけれども、心は真面目だったのです。ちょっと妙な言い方ですけど、この点で社会的な非難は甘受しますが、法は破っていない、そのことはわかってほしいのです」
鳥井「しかし拘置所のなかで反省はしませんでしたか。自分のやった行為で」
春木「反省?」
鳥井「悪いことをした、と」
春木「反省って言ったって、法に触れてないのに何を反省するんですか?」
鳥井「そんな境遇になって」
春木「民主法治国家で、こういうことがあっていいのかと。そう考えます。私はまだ考える力と、耐える力があるから、これで耐えられるけれども、もし、市井の若い男だとか、庶民でそういう力の無い者はどうするんだろう、と。そっちのほうに思いを致しました」
鳥井「しかし、もし春木さんが無実なら、誰かが間違っていることになりますね。裁判官とか検事とか弁護士とか」
春木「それは、まあ、ここではっきり言いたくありませんね。再審を求めているわけですから、あまり裁判官の批判はね」
鳥井「二審の裁判中は、外に出ておられたわけですが、生活費はどうされたのですか。それまでの収入は全て途絶えたのでしょう?」
春木「ええ、それは全部ダメになりました」

鳥井「生活費はどうされたのですか？」
春木「ま、家と土地を売ったカネが少しは」
鳥井「裁判のために、財産をかなり売られたのですか」
春木「マスコミ報道などだと、二千万ぐらいで売れるような家と土地を、一千三百万くらいで売って、裁判費用をつくって、応急の費用や転居費用、その他にあてたとなってますが、それに近いですね。いまはそれも全部無い」
鳥井「すると、春木さんは財産を全部裁判で使い果たしてしまった？」
春木「ええ、全部ないです。図書資料も全部分散して、友人関係も失ったし」
鳥井「それと、春木さんがアメリカと日本でやって築かれた学者としての生活、研究そのものまでが抹殺された。その無念さもあったでしょう」
春木「それは大きいですよ。大きいけれど、私個人の力ではどうにもならない。それよりもマスコミにいろんな風に書かれて……第一、最初の報道からして全部違う。一つとして正しいものはない。私の親族関係、妻子はもちろんのこと、私の教え子、私が紹介とか推薦していろんな会社や研究所に入った人たち、彼らは責められるような思いをしたでしょう。私はそういう人たちにも迷惑をかけているのです。私だけの苦しみではない」
鳥井「終始、犯罪ではないと主張されてきたわけですが、日本の裁判制度のなかで、それが通ると思っておられたのですか」
春木「私はそう思っていたのですけど。本当のことさえ喋っていれば、法を犯していないのだから大丈夫だ、と。周囲の人もそう言いました。『ただ真実だけだ。真実さえ先生が話していれば、心配いりませんよ』と。ところが結果は違う。裁判には、技術的な方法もあるらしいですね」

鳥井「有罪が確定して中野刑務所に入られたわけですね」

春木「そうです。昭和五十三年八月十五日、終戦記念日に収監されました。妙に戦争に縁があるのか、仮出所が五十五年十二月八日、これまた開戦記念日なのです。終戦記念日にシャバとオサラバして、開戦記念日に帰ってきたわけです。それはともかく、入るときの剣幕、これは凄いです。軍隊に応召したとき、私は陸軍でしたが、それより凄いです。こっちは犯罪人扱いですからね」

鳥井「どんなふうに」

春木「おい、こら、お前、素裸になって、こっちだ、とか――これはえらいところに来たなと思いました。しかし刑務官の人間性がわかることもあります」

鳥井「なるほど」

春木「私はそのとき糖尿病が大変でした。血糖値なんか二百以上、三百くらいあったでしょう。目も悪いし、いろんなところが悪い。尿も取らされました。『おいお前、これ持って尿を取ってこい』と。私を扱った刑務官は体の大きい人で、乱暴でした。軍隊に行った人ならわかるけど、初年兵の扱い方は凄いです。それよりひどい。こっちは七十歳近くですけど、じっと堪《こら》えました。だが、そこにいたお医者さんは診断書を見ていて、非常に紳士的でした。そこに私を乱暴に扱った刑務官が来て、私の尿のテストテープ〔検査紙〕を示して『先生これです』と、血糖の高さを囁いているんです。その態度に、その人の性格が覗いています。人の好さと言いますかね。医者も私を蔑んでは見ないのです。この人が以後、定期的に診てくれました」
鳥井「中野にはどのくらい？」
春木「二週間いましたが、三人一緒に入れられました。一人は重罪犯」
鳥井「何をやった人ですか」
春木「こうやったのです（ナイフで相手を刺す格好）。三人とも糖尿でした。それで定期的に医務室に検査に行く。さっきの乱暴な刑務官がその付き添いです。途中、私、背が高いから頭を打ちそうになります。すると、その刑務官が『おい、気をつけろよ、頭を打つなよ』と言うのです。そんな一言が大きな慰めになるのです」
鳥井「その診断で八王子に行かれたのですね」
春木「中野は受刑者を分類する、いわゆる分類刑務所です。車に乗せられ、逃げるわけでもないのに、厳重にガードされていて、八王子医療刑務所に連れていかれました」
鳥井「ここで二年十ヶ月を過ごす……どんなお気持ちでした？」
春木「あそこは看護婦さんも女医さんもいる。扱いがやわらかで良かったです」
鳥井「独房でしたか」
春木「独房でした。『春木先生、雑居房に来たほうがいいよ。こっちは話ができるし、将棋もできる』と言う受刑者もいましたが、私は独居房のほうが勉強できるし、独居房にずっといました」
鳥井「どのくらいの広さですか」
春木「二畳半くらいか三畳くらいでしょうか。端に水洗便所と顔を洗うところがあって、ベッドがある」
鳥井「窓は？」
春木「ええ、窓は一つ。小さいのが」
鳥井「空は見えるのですか」
春木「空は見えます。ときどき小鳥が窓に来ます」
鳥井「鉄格子が付いてる？」
春木「ドアは鉄か何か知りませんが金属製で、ガラっと音がする。あの音だけは嫌だったなあ。カギの音、ガチャーン、あれも嫌でした。ドアの下に小窓があって、そこに食器を置いていく。朝は味噌汁、ゴハン、漬物だったかな、すべてアルミの食器だったなあ」
鳥井「起床は何時？」
春木「睡眠時間が困りました。消灯が午後八時、朝は七時半起きです。点検は朝晩ありました。ベッドに正座して番号を言うのです。私は『1』でした」
鳥井「運動は？」
春木「屋上で三十分、天気のいい日だけ。火、木、土だったかな」
鳥井「それにしても、上告も棄却されて絶望的な状況ですね」
春木「もう耐えて耐えてです」
鳥井「独房では書きものはできるのでしょ？」
春木「大学ノート三十冊近くは書きました」

鳥井「そのころ、石川達三さんの連載小説がサンデー毎日で始まりましたね」
春木「石川さんの連載予告が出たのです。あのとき私、逆上しちゃいました。何書かれるかわからんし、こっちは独房にいるし。ところが題名が出て、『七人の敵が居た』って。それで少し安心しました。私のことを全部悪く書くはずがない、と」
鳥井「全部切り取っておられたのですか」
春木「新聞も読めるんです。週刊誌は三誌まで。新聞は毎日でしたが、そのうち読売に代わりました。なぜだかわかりません。『七人の敵が居た』は全文ノートに書き写していました。間違っている個所は一つずつ注釈を付けて、書き込んでいきました」
鳥井「全体としては」
春木「あの小説で事件の見方を変えたわけです。しかし――」
鳥井「そこで春木さんが主張されている無罪の根拠ですが」
春木「とにかく私が無罪を主張してきたのは事実です。私はいま七十一歳ですが、あと二十年は生きて、無罪を証明してみせます。絶対に。第一、私にとって不利な証拠は一つもないのです。全部こっちに有利な証拠ですから」
「七人の敵が居た」で「事件の見方を変えた」と語った春木の真意について後日、確かめると、鳥井は「要するに、自分は一方的に裁かれているわけじゃないんだって感じたということを言ってたな」と答えた。

診断書の問題点

二回目の春木猛単独インタビューは翌週、「サンデー毎日」昭和五十六年(一九八一)七月十九日号に掲載された。同じく一部整理し、適宜引用するが、まず鳥井守幸が次のように述べている。

「前回は、刑期を終えた春木元教授の感想、刑務所内での生活と思いなどを中心に聞いてきた。話はこれから事件の核心部分に入るが、それは事件の性質上、男と女のきわどい部分に触れざるを得ない。微妙な問題を含んでいるから、裁判の法廷の如く赤裸々に語ってもらう訳にはいかない。しかし、同時にこの事件は、そこを避けて通れないことも事実である。

この事件の刑事裁判が最高裁で確定し、被告春木元教授が懲役三年の刑に服したことをもちろん熟知している。また三千五百万円の損害賠償民事訴訟のほうは、東京地裁の和解勧告を受けて『被害者』側と春木氏の間で『今後相互に相手方の名誉を棄損する等迷惑をかける行為をしないことを約束する』という示談書が交わされた。そして解決金名目で百万円が『被害者』側に支払われ決着した事実も知っている」

早坂太吉の顧問弁護士、原則雄を代理人とし、A・T子側が起こした「三千五百万円の損害賠償」を求める民事訴訟の動機は、以下のようなものだった。

「原告はこれまで四人姉弟の末っ子として何不自由なく育てられ、現在まで異性関係もなく、バラ色に包まれた人生の首途《かどで》に立ったばかりの処女であったのであるが、右被告の不法行為により、自暴自爆の余り、自殺を企てることも数度に上り、前途の希望もすべて奪い去られて、将来の人生は全く暗黒となった。原告A・T子の精神的、肉体的打撃は、かくて、金銭に代えることも困難であるが、右諸般の事情にかんがみるとき、原告A・T子の損害賠償金として金三千万円、その両親たる原告A・T、同A・A子に対してはそれぞれ各金二百万円、祖父であるA・Eに対しては金百万円の慰謝料を相当と考えられるので、請求の趣旨記載の如き判決を求めるため本訴に及んだ」

そして、二回目のインタビューが始まった。

鳥井「春木さんは一審以来ずっと無罪を主張してきましたが、その根拠は具体的にどんなものがありますか」

春木「いやー。それはあまりたくさんあって、どれから話していいか、困ります」

鳥井「裁判で有罪にされたときに使われた証拠や、証人などがあるでしょう。そのなかで、これだけは違うというものは何かありますか」

春木「そうですね。じゃあ、たとえば診断書があります。診断書は裁判でいずれも向こうの有利なように扱っていますけれど、おかしい点がいくつもあります」

鳥井「たとえば」

春木「たとえば、内科医が外科のことを書いていますが、これでは『心臓神経症及び打撲傷』となっています。心臓神経症は内科ですけど、打撲症は外科ですよ。それを内科の人が書いている」

鳥井「何日付の診断書ですか」

春木「昭和四十八年二月十一日、十三日に『事件』があって、この診断書は十七日です。十五日には産婦人科の診断書ができていますが、これはこのあと説明します。で、心臓神経症というのは、医者に聞いても診断書を書くほどではないそうですね。彼女は最初の裁判のときに、検察官が破れたパンティーストッキングを示して『これがそうですか』と確認すると、すうっと倒れます。すかさず彼女の父親が『気絶、気絶』と大声を上げます。私は、そのとき少しおかしいな、と思ったし、彼女の法廷での供述によれば、二月十一日も気が遠くなったり、失神が三回もあった、と主張しているが、絶対そんなことはなかった。これから類推しても、この公判初日の気絶も本当だったのでしょうか」

春木に有罪判決を下したとはいえ、T子の法廷での証言内容や態度には誇張、歪曲、矛盾があったのではないかと、裁判官らも疑っていたようだ。一、二審の判決文中には、そう思わせる記述がいくつもある。インタビューから逸れるが、たとえば二審判決では次のように明言されていた。

「T子の原審証言には、不自然に欠落している部分や客観的事実に符合せず、事実を誇張し、あるいは歪曲した部分があることが窺われ、これは、同女が被告人の同女に対する強制猥褻及び強姦致傷を主張するにつき、不都合と思う事実を隠し、あるいは自己の行動を無理に合理化しようとしているものではないかと疑われ、同女が原審において尋問を受けた際、ときには弁護人に反論するなど、この種の事案の被害者としては最も理知的な部類に属する証人であることを考えると、右の証言に対する疑いを軽視することは出来ない」

法廷でT子は「あら、弁護士さんはポルノ映画でもご覧になったんですか。想像でものをおっしゃらないでください」とか「弁護士さん、失礼ですが私は生娘でございました」などという言葉づかいをしている。そんなT子が、証拠物の「パンティーストッキング」を見ただけで失神などするだろうか。あまりのギャップに、裁判官ならずとも誇張、歪曲、矛盾、さらに言えば、T子の「演技」さえ感じずにはいられないだろう。この点は石川達三も指摘していた。

インタビューに戻ろう。

鳥井「で、内科医の診断書の問題点というのは？」

春木「この医者が法廷で証言するのですが、彼女が気絶したあと、病院に連れてこられたとき『私はいなかった。他の医者が診察した』と。それで三日分のトランキライザー〔精神安定剤〕を与えた、と言うのです。心臓神経症はまあ大したことはない。次に打撲傷ですが、こうなっています。『頸部に圧痛硬直を認め、腰背部に打撲の跡と思われる痣《あざ》を認める』と書いてある。これは医者の法廷証言によると、ほとんど問診ですね。で、圧痛硬直というのは寝違いでもなる、というのです。私は殴ってなんかいませんよ、全然。殴った相手とどうして二月十一日に一緒にスパゲティーを食べたり、アイスクリームを食べたり、井の頭線渋谷駅で握手までするのですか。彼女はそのとき、自分の手帳を破って、十三日に会うとか、もっとその先に会うとか、英語でメモして私にくれていますが、殴ったり殴られたりした間柄だったら、こんなことはあり得ないと思いませんか」

鳥井「常識的には不自然ですね」

春木「おかしいですよ、本当に。それから『腰背部に打撲の跡と思われる痣を認める』ですが、これを医者に聞きますと、『腰背部に打撲の跡と思われる』なんて、診断書に想像は書かないと。それから『痣を認める』ですが、『痣』は医学用語ではない。医者は『我々だったら、ほとんど吸収された皮下出血を認める、そう書く』と言います」

鳥井「なるほど、そういうものですか」

春木「そうです。第一、私は腰なんか殴ってない。診断書では打撲症は腰背部だけですね。頸部は圧痛硬直としかありません。打撲傷とは書いてないです。ところが向こうの弁護士が出した告訴状によると、頸部打撲症と腰背部打撲症と両方が入っています。診断書にないのに、いつのまにか頸部打撲症になっている。さらにおかしいことに、東京地検の起訴状に頸部打撲症は入ってない。腰背部打撲症しか記載されてない。しかもその表現が『全治四日間を要する腰部打撲などの傷害を負わせ』です。おかしいと思いませんか。診断書にもなかった『全治四日間を要する』なんて言葉が突然、起訴状に出てくるんですから。さらに不思議なことに、『全治四日間を要する』は最後に消えてしまいます。なぜかと言うと、法廷で裁判官が内科の医者に訊きます。『全治何日ということがわかるのですか』と。『全治何日は難しいので私は書きません』と医者は答えます。検事の起訴状にだけ『全治四日間』が出ていたのです。一番肝心な『事実の認定』がこんなあやふやなままで有罪にされたのです」

鳥井「判決ではその傷害の部分はどう認定されているのですか?」

春木「これが出たり消えたりでお話になりません」

あらためて、二月十一日の「暴行」をめぐる一審の判決文を引用しておく。これを熟読した石川達三も、物理的に不可能だと言っていた。

「午後四時ごろ、春木研究室においてT子を強いて姦淫しようと決意し、入室後すぐ背もたれを倒しておいたソファベッドに腰かけさせ、自らもその横に腰をかけ、やにわに同女を右ソファベッドの上にあおむけに押し倒し、同女の上に乗りかかり、腕で撥ね退けようとして抵抗する同女を上から押さえつけながら、同女の着用していたパンティ及びパンティストッキングに手をかけて、これをその足首まで引き下げ、被告人の手を振り払い、被告人を撥ね退けて室外へ逃げようとした同女を追いかけて、その左手首を摑み、うしろ手にねじり上げて行動の自由を奪い、再び右ソファベッドにあお向けに押し倒し、同女着用のワンピースのかぎホックを引きちぎってファスナーを引き下げ、同女着用のスリップおよびブラジャーを同女の二の腕あたりまで引き下げ、同女の顔を右手で二、三回殴打し、両手で同女の首を絞めつけるなどの暴行を加え、その反抗を抑圧して、強いて同女を姦淫し、その際、同女に対し処女膜裂傷、左側頸部筋・腰部打撲症の負傷を負わせたものである」

春木が一審の判決文に触れたとき、鳥井は大きな溜息をついて、何度も首を捻《ひね》った。春木は当時六十三歳、名も実績もある現役の大学教授だ。女子学生と多少のトラブルがあっても、立場や後日のことを考えれば、判決文どおりにはできないだろうし、本気で抵抗されれば体力的にも無理だ。事件から八年以上経っているが、七十一歳の元教授の記憶力は抜群で、起訴状や判決文の細部が頭に入っている。その記憶は書き留められ、大学ノート何冊分にもなっている。

インタビュー中、春木は二月十五日の「産婦人科の診断書」についても触れているが、二審判決文の該当部分を抜粋しよう。

「原審記録によると、T子は二月十五日に医師の診察を受け、処女膜に切痕《せっこん》があると診断され、また同月十七日他の医師の診察を受け、左側頸部筋の圧痛及び硬直、腰背部の痣により両部位の打撲症と診断されたのであるが、右の診察を受けたのは二月十一日から四日及び六日後で、右傷害の内容、程度は合意による性交の場合にも生じる可能性があるものであって、これが直ちに強姦行為の証跡であるとはいえず」

つまり二審判決は、起訴状と一審が春木の「暴行」の重大な証拠とした「打撲症」に対し、「傷害の内容、程度は合意による性交の場合にも生じる可能性がある」と、疑問を投げかけている。それでも一審の判断は覆らなかった。

T子への不信感を積み重ね、春木は最高裁判所に提出する「上告趣意書」へ次のように記した。法廷で一度だけ直接対したときの印象だ。

「何カ月ぶりに法廷で見る同女はまるで一変した女性でした。全く別人格の女性でした。私が会った頃は仮面をかぶっていたのでしょうか。同女こそ（同女の言葉を用いれば）『奸智にたけた』魔性の女になっていたといえましょう。無数の単純で、また大胆な虚言を放出し、その実質を露呈するとも意に介せず不遜の供述を続け、ときには弁護人に対して下品な言葉で決めつけるなど、法廷を翻弄している観がありました」

先にも書いたが、このときの法廷でT子は春木に対し「ケダモノの声なんて聞きたくもないです」と、半ば叫んでいる。

インタビューに戻ろう。

春木「次は産婦人科の診断書です。この人は、彼女の父親と十年来の親交があったと法廷でも証言している先の内科医の紹介で、彼女を診察した人ですが、二月十五日付の診断書によると『処女膜の五時と七時の方向に基底部に達する切痕あり』となっています。そして『出血は認められず、発赤《はっせき》あり』とも書いてあります。これを見た赤十字病院の部長は『こういう診断書では人の行為の決め手にはなりません』と断言し、もう一人、慶応出身の泌尿器科の医師は『これはあなたに有利な証明書じゃないですか。この診断書によれば、彼女は処女でなかった、ということですね』と言ってます。この医師の話では、一審判決文の言う『処女膜裂傷』があった場合、切痕になるには少なくとも一週間から十日はかかるそうです。他の産婦人科の医師も『裂傷という言葉そのものがひどいが、処女膜の傷が治るには少なくとも一週間かかり、充分治るには二、三週間かかる。彼女は処女でなかったことをはっきり証明しているよ』と言ってます」

鳥井「診察は『事件』から何日目でしたっけ？」

春木「十一日からは四日、十三日からは二日目です」

鳥井「切痕というのは、要するに古傷でしょ？」

春木「ええ。産婦人科医の法廷証言では古痕《ここん》とも言うそうです。それからもう一つ大事なことですが、向こうの弁護士は事件当時、ある週刊誌にこう説明しているのです。『診断書は、処女膜喪失及び処女膜裂傷となっています』と。診断書にはそんなことは一つも書いてない。ウソです。明らかなウソを言っています。『処女膜がなくなるなんて、そんなバカなことがあるか。お産をした人でも処女膜は残っているのに』と、それが他の産婦人科医の見解です」

事件の核心部分

鳥井「春木さん、あなたとT子さんとの間にあったこと、真相はどうだったのか、話していただけませんか」

春木「正直なところ、私はそれについて詳しく語る気持ちになれないのです」

鳥井「しかし、春木さんが有罪とされたのは、まさにそこのところでしょうから、これは避けて通れませんよ」

春木「それはわかっています。しかし、私には家族もいるわけですからね。ことがことだから、周囲のことも考えないといかんのです。法廷でならどれだけでも喋りますが」

春木が躊躇したのは身内への配慮からだった。そこは理解できる。ただ、こうした事件では、裁判官も含め世の中はまず女性を弱者、男性を強者と捉える。しかも二人の関係は「教え子」と「教授」だ。地位を利用した「暴行」とも見なされ、男性の立場は絶対的に悪い。確かにほとんどのレイプ事件で加害者は男性だ。しかし、もし女性が被害者を装っていたとしたらどうなるのか。それでもやはりほとんどの場合、男性が「暴行犯」の烙印を押されるのではないか。ゆえに春木が無実を主張し、冤罪を晴らす意志がある以上は、勇気をもってより強く「真相」を語り、世の誤解を少しでも解く必要があると、鳥井は説得した。春木も納得し、インタビューは続けられた。

鳥井「それで、T子さんとの最初の出会いはいつですか?」

春木「彼女は文学部教育学科ですが、私のスピーチ・クリニックのコースを取っていたので、前の年、四十七年六月ごろから顔は知っていました。でも話をしたのは四十八年二月の初め、確か二日です。もう学年末で、授業はほとんど終了していたはずです。五号館を出て、一号館へ足早に向かっているとき、彼女のほうから呼び止めたのです。『先生、春木先生』と。背後から、何度も呼んだようです。これも裁判では、私が呼び止めたことになっていますが、彼女が最初に声をかけてきたのです。デタラメもいいところです（春木は怒りのあまり、また拳をテーブルに叩きつけた）」

鳥井「彼女はどう話しかけてきた？」

春木「『先生、英語のことや国際的なことでお話をお伺いしたいのですが、会っていただけますか』と。私は『さあ、忙しくてダメだなあ』と返事しました。そしたら大抵『そうですか、じゃあまた、先生のお暇なときによろしく』と、引き下がるものですよ。彼女はでんとして動かない。それで仕方ないから『じゃあ、誰でもランチは摂らないといかんので、そのときなら』と別れたのです。で、九日の最後の授業のあと、ランチはレバンテで摂りましょうと約束したわけです。

それで、九日の午後〇時半頃、彼女がオフィスに来たので、二人で堂々と正門から出てレバンテに行きました。ホワイトワインを少量注文して、卒業を祝って乾杯したのです。そこで食事をしながら、いろんなことを話したのですが、十一日のユニオン教会のこともそこで約束したのです」

鳥井「春木さんのほうから誘ったのですか」

春木「とんでもない。彼女のほうから話しだしたのです。こうです。『スピーチ・クリニックの授業で、先生はユニオンチャーチにみんなをかわるがわる連れていったけど、忙しくて連れていけなくて残念だ、とおっしゃいました』と。私はユニオン教会の会員で、献金の関係で少なくとも月に一回は行く必要があり、遅くとも二月二十五日には行こうと思っていたものですから、『じゃあ二十五日の日曜日、私は行くつもりですけど、一緒に行ってみますか』と聞いたのです。すると『是非お供させていただきたいわ』と答えたのです。それが、私の都合で十一日の日曜日になり、前日に彼女に伝えると、『大丈夫です』ということで」
鳥井「それで、問題の二月十一日、建国記念日の日曜日、午前十一時半、表参道のユニオンチャーチで会う約束をしたのですね」
春木「ええ、そうですが、その前にレバンテでのこと、もう少し話しておきますと、彼女はこうも言いました。『先生は忙しいから気の毒だわ。先生の秘書をしてあげたいわ』と、向こうから言うのです。当時、私は国際部をつくれと、学長にしきりにすすめられて困っていましたから、本当に忙しくてどうにもならない、と言うと、『それじゃ、私、卒業するまで先生の国際部のお手伝いをしてあげてもいいわ』と、こうです」
渋谷署での春木の調書でも、先にT子が「秘書をしてあげたいわ」と言ったことになっているが、しかし相前後して春木も、新設する国際部の職員か自分の秘書にしたいとT子に持ちかけていた。その話は私自身、渋谷署署長の町田和夫や警視庁捜査一課の警部補ら複数の関係者から聞いている。
春木「それから出るときは、彼女がオーバーを着せてくれて、店のマッチを渡したのですが、今から考えると、そのときからおかしかった。マッチを渡すとき手が当たった。おやっと思いました。普通の女子学生ならすぐ離すでしょ。彼女はそのままにしているのです。で、店を出て大学のなかに入って行くときも、彼女はくっついて離れないのです。困りましたね。そこで十一日ですが――」
鳥井「確か、ユニオンチャーチの前で一時間ほど待つことになる」
春木「ええ、なかへ入ったり出たりでしたけど。遅れて来てわからないと困ると思ったのです。

帰ろうかどうしようかと。そしたら突然、どーんと抱きついてきた女性がいた。『スイマセン、スイマセン』と泣き声を上げるのです。驚いて見たら彼女でした。『もう礼拝、終わったけど、地下のコーヒー・アワーはやってるから、そこに行けば青山学院の外人教授にも会えるだろう』と言って、地下に行きました。私に下心があれば連れていきませんよ」

先にも触れたが、一審での主任弁護人による最終弁論のとおり、このとき春木は「教会前」でT子の写真を撮っていた。この写真は単独インタビューの前年、昭和五十五年（一九八〇）の「サンデー毎日」五月二十五日号に掲載されている。「サンデー毎日」は同年七月六日号まで連続七週にわたり「事件7年目の暗部摘出！　春木青山学院大教授事件　女子大生暴行　7つの疑惑」を特集していた。写真でT子は、確かに「ポーズを取り、艶然として微笑んで」いた。

鳥井「そのあとスピーチ・クリニック・オフィスに行く？」

春木「歌舞伎座近くのインドレストランに行く約束をしていたのですが、一時間も待たされてお腹も減ったので、とりあえず近くの軽食スナックでハンバーガーを食べ、それから自然と青山学院のほうに足が向かったのです」

鳥井「大学は休みでしょう。何のために？」

春木「国際部をつくるため、海外の連絡校ラバン大学に大学の写真を送る必要がありました。建物や校庭を撮っておこうと思いました」

鳥井「わざわざ休日に大学へ行くこともないでしょう？」

春木「普段は次々とスケジュールが入ってきます。この日ならゆっくり写真が撮れると思いました。大学内に入って、図書館前のロータリー付近の綺麗な花を見ながら一緒に歩いていました。そのときうしろのほうから『先生クリニック・オフィスに入られますか』とランゲージラボの学生雇員のN君が声をかけてきました。N君も余計な親切をするものだなあと、一瞬、思いました」
鳥井「T子が一緒なので困られた？」
春木「そんなことはない。せっかくなのでオフィスに入りました」
鳥井「T子も一緒に、ですか？」
春木「もちろんです。このさい、国際部の仮事務所などのことも話してもいいかなあと」
鳥井「オフィスのカギはかけてませんか？」
春木「そんなことはしませんよ。ドアは開けたままでした」
鳥井「一審判決によると、
『同女に自己が政治家などと写っている写真を見せ、同女が立って写真を見ているすきに、その背後から、いかにもよろけたようにして同女に抱きつき、いけませんと断る同女に悪かったと謝り、同女をいったん長椅子にすわらせた後、やにわに同女を長椅子の上にあお向けに押し倒し、その身体を押さえつけるようにして、同女の上に乗りかかり』
と、いわゆる最初の強制猥褻事件が起きたことになっています」
春木「まったくデタラメもいいところです。第一、その写真ですけど、二枚のガラス板を二個の留め金で軽くとめて、卓上に置くようにしたものです。背後から乱暴に抱きついたりしたら、手にしていた写真を挟んだガラス板が床に落ちて粉みじんに割れるはずです。割れてません。これだけでも、あの判決は不自然でおかしいのです。

事実は、立っている私のほうへ彼女のほうから寄ってきて、抱きつくような格好をするのです。そりゃわかりますよ。これはボディーランゲージです。そして『今朝、遅れてすみません』と泣くように身を寄せてきます。彼女の髪の匂いがしたのです。不潔な匂いじゃあない。それで私も正直言ってかわいそうだ、いじらしい、と仕方ないから、私はホッペに接吻したのです。

いや、私より玄人のように思えました。舌を出すのです。ビックリしました。普通の学生だ、と思っていますからね。私はそんなことしちゃいかん、という気はあるけども、だけど、いじらしくてどうしようもない。私はそのとき心は動いているんです。向こうもこれだけ――。勇気をもって接吻ぐらいならと思って、彼女を慰めようと思って。ところが彼女は離さない。そういうふうになったのです。それでいつまでも立っていると、彼女も疲れるだろうと、長椅子のほうに行ったのです」

T子の証言によれば、春木は二階堂進元官房長官らと写った集合写真を示しながら、留学中の友人の「二階堂君」と、いかにも親しげに説明したという。なお二階堂の事務所は「春木氏とは同じアメリカの大学に籍を置いたかもしれないが、言葉を交したこともなかった」とコメントしている。

以下、春木の弁明はさらに続くが、重複も多いので省く。鳥井は「春木先生の優しさがアダとなったのですね」と、この場は締め括った。しかし鳥井は、「サンデー毎日」編集長の職を離れてからも、春木が平成六年（一九九四）一月三十一日に八十四歳の生涯を閉じるまで、再審請求に向けてともに歩むことになる。

レストラン「アラスカ」での対話

春木猛単独インタビューの誌面化直後、鳥井守幸が毎日新聞東京本社四階の編集委員室にいる私に内線電話をかけてきた。そして私たちは九階のレストラン「アラスカ」へ移り、久しぶりにゆっくり語り合った。

鳥井はいつものようにパイプを咥えたまま、薄い水割りを啜《すす》り、大学ノートを広げた。

「こんなバカな判決文てあるか。そうだろう。『同女は当時まだ二十四歳の未婚の処女で、まじめに学業に励んでいたものであった上に、師弟関係の枠を越えていたとは考えられず、しかも被告人とは親子ほどの年齢差があり、生理が始まったことを認識しているのであるから、同女が被告人の供述するような行動に出たというのは経験則に反し、いかにも不自然で、これに反し、同女の供述は、首尾一貫しており、充分納得のいくところであり、なんら不自然さを感じさせないのみならず、信用に値する』って。春木の弁護人の主張に対するものだが、いったい『経験則』って何だ。それに、男女の色恋沙汰に年齢差なんて関係ないよ」

鳥井は判決文を書き写したノートを指で叩き、呟いた。

「この事件には早瀬も最初から関わっているじゃないか。オレもトコトンやるから、お前も最後まで付き合えよ」

「もちろんですよ」

「裁判官もごく普通の人間だ。所詮は自分の常識の範囲内でしか物事を考えない。しかし世の中には、常識では判断し切れない人間のほうが多いよ。オレもお前もどちらかと言うと反常識派だがな。裁判官は白黒はっきりさせるのが仕事だろ。それにしてもこの判決文はひどいよ」

鳥井は薄い水割りをお代わりした。若いころから長髪で、天然パーマなのかウェーブがかかっており、「ベートーベン」という仇名が付いている。パイプも手から離さない。キザな男だが、常識を疑い、異端を好む。そこがまたいい。そもそも鳥井自身が異端なのだ。

「二月十三日の強姦は無罪にしている。裁判長もT子のこの日の行動を不自然だと思っている。だからこの件は無罪というわけだ。ならば第一第二の『事件』も無罪でなきゃおかしいよ」

「石川達三さんもその点を強調していた。団藤重光も『疑わしいときは被告人の利益に』は刑事法の『黄金の糸』だと自分の本で書いている。団藤はこの事件を担当した最高裁の判事ですよ。でも最高裁での上告の棄却は、五人の裁判官全員一致の意見だった。団藤だけでも反対できたはずです。なぜ反対しなかったのか？　団藤ほど良心的な法律学者が」

「何もかもおかしいよ、この事件も裁判も団藤も」

鳥井は薄い水割りを啜り、そして続けた。

「一時的にせよ、二人が『恋愛関係』にあったのは間違いないと思う。それはT子のほうから接近し、仕掛けたものだが、老教授はまんまと乗せられた。ただ、T子が自分の意志だけで近づいたとは思えない。誰かが仕掛けたんだ」

「それが誰か、ですね。法学部長の小林孝輔とその一派という見方もありますね」

「ルポライターの稲田實だろう」

「小林学部長らが絡んでいたとしても、そこまでして春木を追い落とす必要はない。すでに春木は法学部で主流じゃなかった。むしろ学長の石田武雄に近づき、国際部を新設しようとしていた。春木の派手な動きは目障りだけど、失脚させなければならないほどではなかった。しかし、真相はわからないですね」

私は白ワインをお代わりし、続けた。

「稲田は小林学部長を朝日新聞出身と信じていました。確かに学内でも、小林は朝日から来たと思い込んでいる教員がかなりいました。石川達三さんは、小林が東大法学部卒で、検事とは同窓だったと見ていました。しかし、いずれも違う。小林は早稲田の法学部ですよ。大学院を出て一年間、立正大学の講師をし、それから青学に移っています。以来、青学一筋、定年まで勤め上げてから札幌大学に四年間在籍している。早稲田では鳥井さん、あなたの何年か先輩です。ちなみにルポライターの稲田も早稲田の法学部卒です」

「なぜ小林が朝日出身だと、青学の教員たちは思い込んでいたんだ？」

「春木事件のスクープは朝日でした。また、学園紛争のときも、朝日がスクープしています。小林が最初の学部長のときです。小林が率先して呼びかけ、全五学部長が揃って辞表を出しました。これを朝日が夕刊でスクープしたんです。夕刊の締切を考えると、内部からのリークがない限り、記事にできるはずがない。当時は小林が疑われました。だから春木事件も、小林がたれ込んだと見る関係者が多かったんです」

私は冷えた白ワインを半分空け、カウンター越しにもう一杯と追加した。スモークサーモンも二人分頼んだ。鳥井はほとんど氷水になった水割りをまだ啜っていた。鳥井はもともと食べ物に関心のない男だ。私は白ワインが喉に沁み込むほど美味しかった。

「朝日のスクープ直後、僕が院長の大木金次郎を取材したことは知ってますね。場所は大木の自宅です。僕は大木に、朝日にはどこから漏れたのかと訊きました。大木は一瞬、沈黙してから『さあ、わかりません』と言いました。その表情は複雑で、ひょっとしたら小林を疑っているのかなあと思ったものです。小林は京王線のつつじヶ丘辺りの大きな寺の息子です。最初の職場の立正大学もたぶんその線でしょう。ただ、小林とは別に朝日出身の教授がいたことも事実で、外国特派員経験者です。でも法学部ではなく、春木事件とはまったく関係ありません」

スモークサーモンが運ばれてきた。レストラン「アラスカ」は、東京では毎日新聞社と朝日新聞社、日本記者クラブ、隅田川畔のアサヒビール本社内にある。大阪では朝日新聞社にある。洋食が中心だが、なかなか美味いものを食べさせる。開高健、丸谷才一らも「アラスカ」を好んだ。とくにスモークサーモンは店の名物だ。サーモンの横に水でさらした玉ねぎの薄切りがたっぷり添えられている。サーモンと玉ねぎにレモンを絞ると、たまらなく美味い。ワインに合う。

「小林がどんな縁で青学に来たのかまでは調べてませんが、主義主張のはっきりした人で、『九条を守れ』が口癖の憲法学者です。表向きは左翼を標榜してました。春木とは学部長選挙のころから犬猿の仲になったようです。あちこちに友人知人が多く、朝日新聞や検察庁にも親しい人がいたはずです。そんな話を小林から直接聞いた名誉教授や職員を知ってます。院長の大木ともソリは合わなかったでしょう」

「しかし、この事件で理解し難いところは、なぜ二月十五日にT子が急変したか、だろうな」

鳥井がスモークサーモンをフォーク一本で巻き、口に放り込んだ。

「前日の十四日、T子はチョコレートと手紙をO助手に託した。T子は翌十五日にまた春木を訪ねることになっていた。その当日、教授が『恋人』の来訪を今か今かと待っているところへ、見ず知らずの早坂太吉が現れた。まるでヤクザの早坂に、いきなり教授は脅された。陳腐すぎる」

「実に安っぽいですね」

「T子は十四日にチョコレートを届けたあと、誰かに会ってる。バレンタインデーだし、おそらく早坂だろう。助手のOが書いているように二人は『特別な関係』にあった。まあ、愛人と言うほどの仲ではなかったんじゃないか。早坂のつまみ食いだろう。言葉は悪いが。だが早坂は春木に近づきすぎたT子に激怒した。早坂は当時まだ男盛りの三十八歳だ。本気で嫉妬したんだよ。T子はラブレターまがいの手紙まで添え、バレンタインデーのチョコレートを渡している。バレンタインデーの夜、怒り狂った早坂はT子の両親にすべてを告白させた。そして自分が乗り出した。それしかないじゃないか」

鳥井はパイプを咥え直した。まるで鳥井がT子に嫉妬しているかのような言い方だった。

しかし、早坂に命じられるまま動いていたとしても、バレンタインデーのチョコレートはT子自らの意志で春木に贈ったものだ。三度も暴行されたという相手に「親愛なる」などとカードに書き添え、チョコレートを贈った行為は、もっと分析されねばなるまい。翌日にT子は、また春木に会おうとしていたのだ。

「週刊現代」のA・T子インタビュー

毎日新聞東京本社九階の「アラスカ」のバーラウンジは窓際にあり、道路を挟んで正面に皇居が見える。鳥井に呼び出された日、そのバーラウンジの席に着いたのはまだ夕方の五時すぎで、客は我々だけだった。我々は夜九時近くまでカウンターに陣取り、事件や裁判について語り合った。昭和四十八年(一九七三)三月二十四日の春木猛起訴の直後、A・T子本人や両親、早坂太吉ら関係者が何をしていたかなども話題になった。

誰の画策か当時、T子側の関係者は派手にマスコミに登場し、春木を誹謗した。驚くのは春木起訴の四日後に、T子が国際ジャーナリストの大森実のインタビューを受けていることだ。このインタビュー記事は「週刊現代」の昭和四十八年(一九七三)四月十二日号に掲載されている。T子は「この場に春木がいたら殺してやりたい」などと、過激な発言で三時間以上もインタビューに応えている。

国際ジャーナリストの大森実は大正十一年(一九二二)一月十三日生まれ。兵庫県立神戸高等商業学校卒業後、まず日本窒素に就職し、昭和二十年(一九四五)八月に毎日新聞大阪本社に入社している。神戸高商は現在の兵庫県立大学で、大森の同期にはダイエー創立者の中内功がいる。毎日新聞社では大阪社会部を経てワシントン特派員、外信部長などを歴任した。外信部長のとき、昭和四十年(一九六五)の「泥と炎のインドシナ」の連載で新聞協会賞を受賞、ベトナムにおけるアメリカ軍のハノイ空爆をめぐり、朝日新聞の秦正流外報部長とスクープ合戦を繰り広げたことでも有名だ。大森のハノイ空爆をめぐる記事に対しては、誤報とするアメリカ側の抗議があった。その影響か、当時の毎日新聞社編集主幹の田中香苗《かなえ》は、大森に外信部長から福岡総局長への異動を命じた。大森は異動を拒否し、毎日新聞社を辞めた。のちにほとんど単独で発行していた週刊紙も三年で廃刊に追い込まれた。以後、大森はフリーで活躍、渡米し、秘書と再婚もしている。その大森とT子の「週刊現代」でのやりとりの要点を以下に整理する。T子はまず入学の経緯を語った。

家庭の事情で二浪、青山学院大学と日本女子大学を受験、ともに合格。青山学院を選んだ理由は、男女共学でさまざまな人との出会いがあり、受ける教育の幅も広がると考えたこと。卒業論文のテーマは「VTRによる視聴覚的教育方法」。通学には京王井の頭線を使っており、大学を出て最寄りの渋谷駅から電車に乗り、帰宅するまで四十分ほどかかったとある。

春木の「暴行」については、二度目の「研究室」に入ったあと、逃げようとしたが鍵がかけられていたと言っている。大森が「そんなひどい目に遭って、噛みついてやる、といった感情はなかったのですか」と問うと、T子は「いま振り返れば、殺したかったと思います」と応じている。これは誘導尋問だろう。また、T子は大森の質問に「何だか警察で調書を取られているみたいだわ」と、微苦笑を浮かべながらも積極的に応じている。

二人のやりとりの詳細は渋谷警察署や東京地方検察庁の調書とも重複するので省くが、国際部新設にあたって、その職員か秘書に迎え入れたい、海外にも連れていきたい、留学もさせてやりたいとT子に告げていたことは、春木自身が刑事との雑談のなかで明かしている。こういった口説き文句が、T子の胸深く刻み込まれたことは容易に想像できる。またT子は、子ども好きで、将来は学校の先生になりたいと打ち明けたりもしている。

大森は社会部出身らしく、遠慮なくズケズケと踏み込んでいるが、しかし「暴行」が事実だとして、その被害に遭って二ヶ月後のインタビューに、ここまで具体的に答えられるものかと、私は首を傾げたくなる。まだ「強姦」された記憶が鮮明に残っているはずの若い女性が、このように喋ることができるものなのか。

「春木は私の体を抑えつけ、ワンピースの背中のファスナーに手をかけて脱がせにかかったので、必死に抵抗し、足で蹴り、腕でつっぱねるなどして、やっと起き上がり逃げようとした。春木は、暴力で私の左腕手首を握り、再び押し倒した上、右手で左頬を二、三回強く殴り、更に首を絞めつけて、ワンピースのファスナーを強引に引き下し、スリップとブラジャーを一緒に引き下しました」

まるで「ポルノ映画」のシナリオに倣ったかのような発言ではないか。

「女性自身」の春木猛夫人インタビュー

マスコミで唯一、春木猛夫人のインタビューに成功したのが「女性自身」だった。

「女性自身」は創刊当時から各界で話題の人物を追うルポの特集に力を入れていた。初期のライターには、のちに「淋しき越山会の女王」を書き、立花隆の「田中角栄研究――その金脈と人脈」と同時に「文藝春秋」に掲載され、田中内閣打倒のきっかけをつくる児玉隆也がいた。児玉は三十八歳のとき肺癌で亡くなるが、その直前に上梓した『ガン病棟の九十九日』（新潮社　一九七五）で迫りくる自らの死を描き、ノンフィクションの力作として高い評価を受けた。兵庫県出身、昭和十二年（一九三七）生まれの児玉は、働きながら早稲田大学の夜間部に通った。休日は東伏見にある大学のラグビー場に行き、ウイングの日比野弘がグラウンドの土を蹴立て、疾走する姿を眺めることだけが楽しみだったという。後日、早稲田が日本選手権で優勝を果たしたとき、監督になっていた日比野に、児玉は一枚の葉書を送った。

「かつて私は何の将来も描けず、働きながら早稲田の夜間部の学生でした。当時のただ一つの慰めは、貴兄が蒼白い顔をして何度も何度も繰り返すダッシュの姿でした」

日比野はその葉書を大切にしていた。日比野を取材したとき、たまたま話題となり、私は見せてもらうことができた。葉書には「夜間部の一学生より」としか記されておらず、日比野は返事を出すことができなかった。児玉亡きあとのことだったと思う。三鷹駅の北口から乗るバスが東伏見の停留所を通ると、亡き児玉や、今は横浜に隠棲している日比野のことを、私は思い浮かべる。

児玉が「女性自身」を離れ、フリーライターになった直後、私は社会部から異動し、「サンデー毎日」のデスクになっていた。「人生ドラマシリーズ」の原稿を何度か児玉に依頼し、親しくなった。当時、私が住んでいた東京下町の団地にも、児玉はよく遊びにきてくれた。児玉の手土産は決まってサントリーのダルマだった。手土産というより、一緒に飲んで語ろうという、暗黙の了解のようなものだった。そのダルマを最寄り駅近くの鰻屋へ持ち込み、氷代を払って、肝焼きを肴によく飲んだ。児玉は両切りの缶ピースを手放さず、ヘビースモーカーで、絶えず咳込んでいたように思う。児玉が肺癌に罹り、三十代の若さで亡くなるのは、それからしばらくしてのことだった。

東伏見と言えば、春木事件の取材で出会えた青山学院大学名誉教授の須々木斐子の自宅も遠くない。須々木は津田塾大学英文科卒で春木夫人の後輩にあたり、青山学院に着任したとき、日吉の家へも挨拶に行っている。初対面の夫人は背筋を伸ばし、テキパキと動く人で、春木家での実権を握っているように見えたという。

春木夫人のインタビューは「女性自身」の昭和四十八年（一九七三）六月三十日号に掲載された。春木起訴から三ヶ月余が過ぎていた。記事は署名入りではないが、東急東横線の日吉駅から徒歩五分の、三十坪ほどの狭い敷地に建てられた二階家の春木宅に、同誌の記者が何度も足を運んだ結果、事件の約四ヶ月後、六月十日前後にようやくインタビューは実現した。記者に対し、春木夫人は概ね次のように応じた。一部整理し、引用する。

「主人と結婚して三十二年になりますが、妻の私にさえ一度も手を挙げたことがない人です。それがどうしてあんなことをしたのか、どうしても理解できません。主人は大学などであったことは何でも私に話すので、あの方のことも知っておりました。家にも二、三回電話がかかってきましたし、バレンタインデーにいただいたチョコレートも主人が私に見せてくれました。包み紙に『親愛なる春木猛先生、よきバレンタインデーでありますように　T子』と書いてあったのを覚えています。そのチョコレートは警察が持っていきました。

主人はあの方と食事をして渋谷まで送っていったら、別れ際に握手を求められて困った、人の大勢いる前でテレくさかった、などと笑っておりました。そんな主人がどうしてあのようなことになったのか、いまだに信じられません。

学問以外のことは何も知らない、子どもみたいな人なんです。酒も煙草もやりません。朗らかな人で、嫁に行った娘たちが家にいた頃は、よく皆で笑ったものです。アメリカ生活が長かったせいか、女の人を大事にする習慣が身についていました。自分のことは自分でするし、子どもたちに手を挙げたことも、叱ったこともありません。ですから今度のことは不思議でならないのです」

なお「女性自身」の記者によれば、数日後の六月十五日、日吉の家の「春木猛」の表札は外されていた。

事件後十七年目の記事

「サンデー毎日」は石川達三の「七人の敵が居た」を「異色ノンフィクション」として昭和五十四年（一九七九）九月九日号より翌年八月三日号まで約一年間、連載した。また、「七人の敵が居た」の連載中も、五十五年（一九八〇）五月二十五日号より七月六日号まで連続七週にわたり「事件7年目の暗部摘出！」を特集した。

さらに十年後の平成二年（一九九〇）四月二十二日号でも、「サンデー毎日」は春木事件を四ページの記事で取り上げた。このときはすでに、鳥井守幸は編集長ではなかったが、「サンデー毎日」には春木事件を追う伝統のようなものがあったのかもしれない。「私は下着を破って証拠をデッチあげた現場を見た」「あの最上恒産会長早坂太吉氏の元愛人が18年目に証言」『青学・春木教授事件』で驚愕の新事実!!」と、見出しは夕刊紙風にどぎついものだが、「元愛人」も早坂太吉も写真まで掲載されていた。春木猛が亡くなる四年前のことだ。署名のある記者の野村明人は毎日新聞社の社員で、次のように述べていた。なお「元愛人」の「B」は、誌面では実名となっている。

「教え子の女子大生に暴行したという『青山学院大春木教授事件』を覚えているだろうか。疑惑に満ちあふれたこの事件から十八年目の今、とっくに刑期を満了した春木猛氏（八〇）の無実を証言しようという人物が、とうとう現れた。例の早坂太吉・最上恒産会長（五四）の元愛人、Bさん（四四）が、その人。真相は『早坂会長がすべて仕組んだこと』という爆弾証言の一部始終は以下の通りである」

誌面は「元愛人」のBと早坂太吉に対する野村のインタビュー記事で構成されている。以下、要約する。

Bは昭和四十六年（一九七一）ごろ早坂太吉と知り合い、赤坂の最上ビル四階で同居生活を始めた。昭和五十年（一九七五）に関係を断つが、普通の付き合いは平成二年（一九九〇）まで続いた。

Bは事件当時、最上ビル四階で早坂が「強姦に見せかけなかったら金は取れんよ」などと、A・T子とその父親に話しているのを聞いた。その場にBもいた。

春木猛は三度、最上ビルに来た。早坂は「なぜ手をつけたんだ」「テメェ、このヤロー」「正座してろよ」などと怒鳴りつけ、春木はしきりに謝っていた。早坂は「日吉にウチがあるじゃないか。それを売れば金を用意出来るだろ」と脅した。

その晩、T子のいる前で、Bに持ってこさせたパンティを早坂が破り、「よしこれでいこう」と言った。告訴後にT子が証拠物として提出したパンティと同一のものか否かはわからない。早坂は金のためなら手段を選ばず、何事にも感情を剝き出しにし、すぐにかっとなった。

T子は春木を「素敵な先生だ」と言い、憧れ、あるいは慕っているように見えた。バレンタインデーのチョコレートを贈ったことがばれて、早坂と父親にひどく叱られていたが、T子は「シャーシャーとして『贈っていないと思うけど……』とウソをついていました」。

Bは、春木がテレビなどで冤罪を訴えているのを見て気の毒に思い、真相を話すことを決意した。

「あの事件は絶対強姦なんかじゃないんです」と明かしている。

次いで野村は、早坂太吉に真相を質すべく、東京青山の最上恒産本社を突貫取材している。東京の京橋を皮切りに、静岡県沼津市、江戸川区葛西、港区浜松町、渋谷区代々木などを転々とした最上恒産は、野村が訪ねたときは本社を青山学院大学の西隣に置いていた。確かに表参道駅も渋谷駅も徒歩圏内ではある。だが最も近いのは青山学院だ。早坂はなぜ青学のすぐ西隣に本社を置いたのか。不動産登記簿によれば、早坂が青山の土地に「本社」を登録したのは昭和五十五年（一九八〇）の六月。そして平成元年（一九八九）の二月に約七億円をかけ、七階建てのビルに建て替えている。

この新社屋で野村は早坂に会った。

「Bの言うことはみんなデタラメだ」

早坂は野村に「最上恒産会長」の名刺を差し出すなり、こう言い放った。

「赤坂の最上ビル四階へ春木さんに来てもらったことはあるね。隣室にT子の両親を置いていたけど、T子は来ていませんよ。それで春木さんに私が『両親に謝ってくれんか』と。そしたら春木先生は『はい』といって『きょうはあれですから、改めてT子さん宅に行きます』といったんだ。だから金の話なんか全然していないし、春木さんが日吉にウチを持ってるなど、知りませんよ。

Bと『男と女の関係』だったのはその通りだけど〔中略〕春木さんが来た時、Bはお茶くみしてただけで、春木さんのことは知らないんだ。

ボクの人間性を知らんからBの話を信用するかもしれんけど、Bはボクに手形の取り立てで責められているんで、そんなデタラメ、君らにいうんですよ」

私がこの四半世紀も前の記事を毎日新聞社調査部で見つけたのは、平成二十七年（二〇一五）の二月末だ。春木事件の関係者で核心を成す一人、早坂太吉にインタビューできたのは、少なくとも毎日では野村明人記者以外にはいない。何としても野村に会いたいと思った。

早坂太吉と大木金次郎を結ぶ糸

現在は個人情報保護法が施行されており、連絡先一つ聞くのも何かと難しい。野村明人は同じ毎日新聞社の後輩で、私も「サンデー毎日」編集部にはいたことがあるが、時期が違うせいかその名に記憶がない。元編集長の鳥井守幸も知らないと言う。正面から人事部に聞いたところで、連絡先など簡単には教えてくれないだろう。最近は社員名簿も出していない。「サンデー毎日」の編集部員や身近なOBに聞いてもわからなかったのだが、私の現役時代からの顔見知りで親しくしていた総務畑の女性社員が、野村の住所を探し出してくれた。その結果、平成二十七年（二〇一五）四月十六日、東京内幸町《うちさいわいちょう》の日本記者クラブで野村本人と会うことができた。

内幸町の日本記者クラブに現れた野村は、何度か大病を患ったと言った。長身痩軀、長髪で、反骨の記者だったろう往時を偲ばせた。しかし、もう一人では外出もままならないのか、すぐ脇に和服姿の夫人が付き添っていた。

野村は初対面の挨拶もそこそこに、窓際の席に着くなり、大きな手提げ袋をテーブルの上にドサリと投げ出した。

「これ、春木関係の資料です。僕が持ってても仕方がないので、あなたにあげます。使えたら使ってください。こんなヨイヨイでは、これを参考に書くこともできません。これがお役に立つようでしたら嬉しいです」

夫人が言い添えた。

「実はいつ捨てようかと、気が重かったんですよ」

いかにも勝気で、サバサバした感じの夫人はこう続けた。

「昔は何事にもうるさい男でしたが、脳梗塞やら何やかやと病気ばかりして、今はどこへ行くにも私が付き添ってないと無理なんです」

それでも一緒に外出することが気晴らしになると、嬉しそうだった。

野村明人は昭和二十四年（一九四九）六月十八日生まれで当時六十六歳。早稲田大学第一文学部を出て四十九年（一九七四）四月に毎日新聞社入社。横浜支局を振り出しに八王子支局、社会部、「サンデー毎日」編集部、宇都宮支局次長、情報調査部編集委員などを務め、平成二十一年（二〇〇九）六月に定年退職している。野村と会った直後に別件で毎日新聞社へ行ったとき、専務取締役で主筆の伊藤芳明と話していて、二人が同期だと知った。初任地も歩んだ道のりも異なり、伊藤は野村のことをよく知らなかったが、一風変わっているものの、筋の通った記者だと私は感じた。

手提げ袋のなかには「最高裁上告棄却全文」「O・Hについて」といった春木の手記をはじめ、「検察告訴文に対する春木反論」「青山学院春木猛の強姦致傷に関する真相」「O助手、金瀬弁護士に全告白」「ルポライターIのメモ」「青学法学部側面史」「大木金次郎全像」「早坂太吉と安達洋子」「大木は裏金を出したのか」など、おびただしい数の資料があった。ちなみに「O助手、金瀬弁護士に全告白」は、そのテープ起こし原稿だ。

「これらの資料をどこで手に入れられたのですか?」

「あちこちから自然に、と言うのもおかしいですが、集まってきたんです」

「春木には会いましたか」

「もちろん会いましたが、会ったことより、電話で話したことのほうが印象に残ってます。とにかく電話が長いんです。興奮すると一方的です。ちょっとトイレに行ってきますと言って、トイレから戻って受話器を耳に当てると、春木は電話を切らずに、まだ喋りつづけていました。そんな人でした。印象に残ってるのは、事件から二十年近く経ってるのに、そのときの状況をつぶさに覚えてることと、A・T子に対しては愛憎相半ばすると言うか、未練があるように感じたことです」

「T子に未練?」

「そうです。もう一度会いたい、とまでは言いませんでしたが、未練があったようです。つまり、T子は早坂に騙されていたのではないかと」

あり得る、と私は思った。愛欲や打算が絡むと、人の感情は複雑怪奇になる。そう語った石川達三の言葉を思い出す。

「ところで、早坂の愛人だったという人の証言は決定的ですね」

「事件当時ならもっとよかったのですが」

「何がきっかけでインタビューすることになったんですか？」

「たれ込みですよ」

「これだけ春木事件の資料を集められたのは、書くつもりだったのではないですか」

「そのつもりでしたが、病気になって根気も失くしましたし」

「早坂に直接取材したのは野村さん、あなたぐらいでしょう？」

「そうですかね。早坂はなかなかの強面《こわもて》で、ぐいぐい断定的に押してきましたが、適当に冗談も口にする。並みの不動産屋じゃないと思いました。『ウチにも新聞記者出身の人に来てもらいたいのだが、誰かいい人いませんか』などとからかうようなことも言うし。悪人かもしれませんが、男くさい魔力のようなものを発散させてました」

「最上恒産が青山学院の西隣にあったことは偶然の一致ですかね」

「そうは思えない。しかし、何も証拠はないですからね……」

野村は首を傾げた。私は質問を続けた。

「あなたがインタビューした元愛人のBさんは、早坂が大木院長に直接電話をかけ、話しているところを何度も目撃したと言ってますね」

「そう言ってました」

先にも触れたが、青山学院大学にはかつて厚木キャンパスがあった。厚木キャンパスは大木金次郎院長主導の下、校地に四十九億五千万円の巨費を投じ、開設された。青山学院が神奈川県厚木市に校地購入を決めたのは昭和五十五年（一九八〇）で、面積は約十五万二千七百平方メートルだった。校地購入費用の約八割が学院の資金で、残りは借入で賄われた。開設は二年後の昭和五十七年（一九八二）である。当時は文部省の方針で早稲田、中央、明治、法政なども用地不足を郊外で解消しようとしていた。青山学院も例外ではなかった。

院長の大木が理事会の賛同を得たとして、全学教授会に厚木の校地購入を諮ったとき、真っ先に反対の声を上げたのが法学部の小林孝輔だった。法学部の教員がこれに続き、他学部からも続々と反対の声が上がった。青山キャンパスから遠くない場所に空き地があった。厚木ほど広大ではないにせよ、まず手近な場所を検討すべきだという意見が多数を占めた。また、理事会も当初は全員一致で厚木の校地購入に賛成したわけではなかった。しかし、大木は強引に話を進めた。

大木は、厚木キャンパスに国際政治経済学部を新設するための認可申請手続を行った。国際政治経済学部新設の趣旨を、大木は次のように述べていた。『青山学院大学五十年史』より引用する。

「わが国の今後の長い将来において、この種の学部に在籍して、特殊な英語教育の訓練を受けた者――英語を自由に読み、書き、聴く、話すことのできる者が、――英語を道具としてあやつることによって自分の専門として修得した国際政治学、国際経済学あるいは国際経営学の学問を実践的に活用できる人材の育成」

新学部設置準備委員会には、法学部教授となっていた須々木斐子も選ばれた。須々木らは英語のカリキュラムの原案を作成するよう指示されたという。須々木らが作成したカリキュラムは、五人の専門教員が交互に講義を担う仕組みで、その方法や英語力で各教員が競い合い、試される形態を採っていた。専門教員の一人には八戸工業大学の斎藤太治男《たちお》も助教授として招聘されており、これは大木の意向だった。青森の資産家の息子だった斎藤は、院長室に自由に出入りできる、大木の側近の一人となっていた。厚木キャンパス開設のさいは、青森の銘木の松を寄付している。青山学院を一流にすることだけを、ただひたすら目指した大木は、他大学のオーナー経営者のように私腹は肥やさなかったが、しかし運営方法や人事には専横があったと見る関係者も多い。須々木によると、斎藤の専門教員としての英語力は他の就任予定者より劣っていたが、大木がメンバーの一員に加えるよう指示した。ほかにも首を傾げたくなるような人事があったそうだ。

厚木キャンパスへは、小田急線の本《ほん》厚木駅からバスで約三十分かかった。隣の愛甲石田駅からは同じくバスで約二十分かかった。新設した国際政治経済学部だけではなく、既存学部の一般教養課程も厚木に通わせたため、朝夕のラッシュは混雑を極めた。登下校時にはバスを待つ長蛇の列ができた。交通の便が悪く、教職員や学生の不評を買った厚木キャンパスは、平成十五年（二〇〇三）の相模原キャンパス開設にともない、統合、閉鎖された。JR横浜線の淵野辺《ふちのべ》駅から徒歩七分の相模原キャンパスは、新日本製鐵の跡地を購入したものだ。現在のキャンパスは青山と相模原に集約されている。

青山の敷地は周辺を買い増し、現在は十一万九千七百八十一平方メートルになっている。いずれも購入の仲介は大手不動産会社や公団などが担った。しかしその傘下には当然、中小の業者が群がり、地上げに協力していた。厚木キャンパスも公団からの購入だったが、四十九億五千万円の支出については、当時さまざまな噂が囁かれた。買収には二十超の不動産会社が動いており、早坂の最上恒産も関与したと見られている。厚木同様、青山の不動産売買にも、最上恒産の関与があったのではないかと、野村は言った。あらためて私は質した。

「早坂は大木と面識があったのでしょうか？」

「Bさんが嘘やハッタリでそんなことを言うとは思えません。青山学院のすぐ西隣に、わざわざ本社を構えていて、何の関係もないなんて考えられますか。Bさんの言うことは本当ですよ。大木院長と早坂が何らかのかたちで繋がっていたと見るほうが自然です。十五万二千七百平方メートルもの広大な土地の取引には、大手の下に有象無象の不動産屋が群がっています。早坂ほどの男が、こんなチャンスを見逃すはずがないですよ」

この日、私は野村夫妻と二時間近く話した。だが、何か物足りなさを感じた。野村はまだ何か隠している。いや、隠している、というのが言いすぎなら、思い出していない、とでも言えばいいのか。実際、野村は春木に何度か会い、早坂にも直接取材しているのだ。その感触は大事だ。もっと引き出したい。そのためにもあと何度か会う必要がある——。

春木事件の膨大な資料をどこでどのように入手したのか、さらに細かく訊いたが、野村は「忘れました」「覚えてません」としか答えなかった。しだいに不機嫌になっていく様子で、やむを得ず私は話題を変えた。最後に私は、春木事件の真相について思うところを訊いた。野村はこう答えた。

「早坂がT子を使って春木を誘惑させ、金を獲ろうとしたのは事実でしょう。そこに学内の派閥とか、教授同士のいざこざとかが絡んでいたのかもしれません。そんなことはどこでも起こり得る。

私が一番気になるのは、早坂が大木院長とか学院関係者と繋がりがあったかどうかですね」

「早坂とT子の関係をどう見ますか」

「早坂は女を人と見なしていない。自分の子どもの家庭教師もホステスも関係ない。目の前にあるからちょっと手を出した、その程度の感覚じゃないですか。そんな男、いますよ。政治家なんかにも多いけど」

野村が「サンデー毎日」の署名記事を書いてから四半世紀が過ぎていた。確かに忘れていることもあるだろう。しかし以来、膨大な資料を手放さずに持っていたのは、「書く」以上の執着を、春木事件に抱いていたからではないのか。

野村はかなり疲れているように見えた。これ以上、話を聞くのは無理だろうと、私は再会を期し、その日は別れた。

のちに野村に連絡できたのは、二年が過ぎた平成二十九年(二〇一七)の九月七日だった。電話に出たのは夫人だった。取材の進展などを報告したいと告げると、夫人は「今入院中です。お見舞い? 結構です。とてもお会いできる状態ではありません。これから病院に行くところです」と言ったまま電話を切った。

しかしその後も私は何度か電話をかけた。本人が出れば話せるかもしれない――それは鳥井についても同じだった。

第五章　時間

地上げの帝王

春木事件の真相に迫る野村明人の署名記事が「サンデー毎日」に掲載された翌年、平成三年（一九九一）三月末に、鳥井守幸は定年前の五十九歳で毎日新聞社を退職していた。私も二年後の平成五年（一九九三）三月末に、五十四歳で定年を繰り上げ、退職していた。

鳥井は退職後、千葉県市原市にある平成帝京大学の教授や日本ジャーナリスト専門学校の校長、また日本テレビのコメンテーターなども務めた。コメンテーターについて言えば、鳥井は話し上手でテンポもよく、重宝されたようで、在職当時から日本テレビやTBSラジオでレギュラー番組をもっていた。退職後も相変わらず鳥井は忙しそうだったが、しかし春木猛の冤罪を晴らすべく、再審請求に向けて動いていた。春木にも頻繁に会っていた。鳥井とは私も時に会い、情報交換をしたが、大学に職を得て、名古屋、京都、東京、金沢と移り、春木事件からは遠のくばかりだった。

在職時、私と鳥井は毎日新聞東京本社の「アラスカ」で会うことが多かったが、退職後は主に内幸町の日本記者クラブを利用した。その日本記者クラブで野村と会った平成二十七年（二〇一五）四月十六日の翌日から、私は託された資料を読むことに没頭した。新たな発見があった。知らなかった事実も出てきた。重要なくだりには線を引き、メモをとった。

鳥井には手紙で報告した。元編集長に「サンデー毎日」は届けられないものなのか、退職前から鳥井は野村が書いた記事を読んでいなかった。春木事件の再審に心血を注いだ鳥井が、野村の記事を知らなかったのは意外だった。春木もこの記事は読んでいなかったのか。野村について再度、鳥井に尋ねてみたが、面識はないとのことだった。

私は青山学院院長の大木金次郎と最上恒産の早坂太吉の繋がりについて、考えをめぐらせていた。早坂の元愛人Bにインタビューした野村は、二人には面識があったと睨んでいたが、しかし青山学院の最高権力者が、部外者のいかがわしい不動産屋と、直接話したりするものなのか――。私は元学部長のある名誉教授にこの疑問をぶつけてみた。この名誉教授は「大いにあり得る」と言い、そして次のように打ち明けた。

「大木院長の権力は絶大で、そのやり方は想像を超えていましたね。実際、大学とは無関係の人脈も多かった。最上恒産の早坂太吉と繋がりがあってもおかしくないでしょう。厚木校地の購入をめぐっても、まだまだ不透明なことがあるはずです」

春木事件当時の最上恒産は手形を落とすのにも苦労し、金策に奔走していた。街金融ばかりか、闇金融にまで手を出していた。元愛人Bは「ヤクザから大変な借金をしていたんです」と証言し、野村に託された膨大な資料のなかにも、それを彷彿とさせる記述があった。早坂がA・T子を使い、春木から一千万円を脅し取ろうと考えたのも、金のやりくりに困ってのことだろう。名目上にしても、T子の父親は最上恒産の会長で、早坂の共同経営者だった。また、前述のとおりT子は、早坂の娘の家庭教師だった。家庭教師として早坂宅に出入りするうち、二人は「特別な関係」になった。「特別な関係」の女性に別の男性を誘惑させ、金を強請《ゆす》る神経は確かに理解し難く、非常識だ。就職が決まっていた卒業目前の大学四年生が「美人局《つつもたせ》」の一役を担うことも普通は考えられない。両者の心底は測りかねるが、しかし鳥井も野村もあり得ると見た。早坂の素行を調べると、モラルとはほとんど無縁なことがわかる。「金と女」だけだと言ってもいい。

昭和六十二年（一九八七）の「文藝春秋」十一月号に掲載された「地上げの帝王・早坂太吉」は先にも参照したが、この佐野眞一の文章および翌六十三年（一九八八）の「現代」二月号に掲載された、ルポライターの松永他加志と油井富雄の「地上げ帝国『早坂太吉と最上恒産』驕りのカラクリ」などによれば、早坂はバブル景気に乗り、一千億超の資産を得、日本でも有数の不動産屋になった。「地上げの帝王」と呼ばれた早坂は昭和五十九年（一九八四）夏、北海道早来町《はやきたちょう》（現安平町《あびらちょう》）の橋本牧場に二十六億円を融資し、故郷の最上川に因んだ「モガミ」の名を冠する競走馬を百二十頭も個人所有した。競馬界で知られる存在となった億万長者の早坂は、多くの愛人も抱え、世間の注目を集めた。

「地上げの帝王・早坂太吉」を書いた佐野は、箱根から東京に戻る早坂の自家用ジェットヘリにも同乗し、インタビューを続けているが、ハッタリを交えながら答える早坂の得意満面な姿が目に浮かぶ。早坂は愛人たちもそのヘリに乗せ、伊豆の豪華な別荘へと飛んでいる。当時、バブル紳士たちのステータスは、自家用ジェットヘリで飛び回ることだった。イトマン事件の主役、伊藤寿永光もゴルフ場整備や地上げのために自家用ヘリでハワイなどを往復している。

話は遡るが、早坂がT子の父親Aと出会うのは昭和四十年代初頭だ。早坂は三十代、Aは六十になるかどうかという年齢だった。名古屋でさまざまな事業を手がけたAは、砂糖の密貿易に関係して暴力団に追われ、一家で上京したようだ。Aは東京でも多くの事業に手を出し、成功と失敗を繰り返している。暴力団数人が自宅に乗り込んできたとき、平然と追い返したT子のエピソードは、前掲の韓国人留学生Sの陳情書にあった。

Aが早坂と知り合ったのは、四谷辺りの土地に絡む仕事をしていたときのようだ。年齢は親子ほど離れていたが、二人は意気投合し、早坂は自身の社の会長にAを迎え入れた。むろん実権は早坂が握っていた。昭和四十八年（一九七三）二月、春木事件が起きたころの最上恒産は、まだ社員が五、六人で、繰り返すが、手形を落とすのにも苦労していた。

早坂もAも短気で喧嘩っ早いところがあり、事件を示談にせず、告訴に踏み切った挙げ句、春木からまとまった金を獲ることはできなかった。また、民事でT子側が訴えた三千五百万円の損害賠償も、東京地方裁判所の和解案を双方が受け入れ、春木からは百万円しか獲れなかった。春木から大金を奪う計画で、早坂とAの歩調は揃っていなかったのではないだろうか。

事件後、数年して早坂とAは別々の道を歩むことになる。早坂とAの決別は、山梨県での地上げで得た利益の配分をめぐる紛糾が原因だったと言われている。しかし早坂とT子の関係は、むろん春木事件の裁判中も含め、その後十年近く続いたという。後述するが、早坂の内縁の妻だった安達洋子の著書『冬の花火　地上げの帝王・早坂太吉との二千日』（日新報道　一九九一）には、次のように記されている。

「教え子に対してのセクハラで職を失った青山学院大H教授の彼女だった女性もその一人で、別れるなら自殺するなどと泣いてすがるとかの連続で、十年近くも続いていた」

Aと袂を分かって以後、早坂の不動産業は上向いた景気に乗り、しだいに拡大していった。先にも触れたとおり、最上恒産は昭和六十一年（一九八六）、東京都西新宿の約五千平方メートルの土地を二年足らずで「地上げ」することに成功した。イトマンが住友銀行（現三井住友銀行）を資金源にしたように、早坂には第一相互銀行（太平洋銀行に改称後、経営破綻）や三和銀行（現三菱東京UFJ銀行）の関連ノンバンクなどがついた。そして、早坂は「地上げの帝王」になった。バブル絶頂期、第一相互銀行やノンバンクは最上恒産にいくらでも融資した。たとえば、第一相互銀行と最上恒産の関係について、早坂は前出の佐野眞一の取材にこう答えている。

「昭和五十七年十一月に二十年以上連れ添った妻をがんで亡くした。その葬儀の折、当時第一相銀の副社長だった小林千弘さんが骨まで拾ってくれ、以来、親交が深まった」

むろんこのエピソードだけで、巨額の融資など受けられるはずもない。早坂と小林を結ぶ線には、暴力団組織も複雑に絡んでいたと思われる。バブル崩壊後の平成五年（一九九三）、和歌山市の阪和銀行の副頭取は、暴力団員らしき男にいきなり拳銃を向けられ、撃ち殺された。住友銀行名古屋支店長も自宅前で射殺された。いずれの事件も時効が成立している。好評だった國重惇史著『住友銀行秘史』（講談社　二〇一六）が、あれほどあけすけに内部事情をバラしながら、名古屋支店長殺害事件にいっさい触れていないのはなぜか。住友銀行の広報部長などを歴任したK元専務は、國重の見方には偏りがあると、私に内情を説明してくれた。Kとは社会部時代、親しくした仲である。ともかくバブルとは、常に怪しい人物が蠢《うごめ》き、犇《ひし》めく時代だった。早坂の周辺も同様であったろう。

愛人と豪邸と銃弾

早坂太吉は妻を亡くした翌年、昭和五十八年(一九八三)二月に、安達洋子と出会っている。安達の前掲書『冬の花火　地上げの帝王・早坂太吉との二千日』や雑誌記事を参照し、二人の関係を整理してみる。

銀座のクラブのオーナー、安達洋子を早坂に紹介したのは、栃木県足利市の栗田美術館館長の栗田英男だった。栗田は早坂に「いい女を紹介するよ。独身になったおまえさんには刺激が強すぎるかも知れんが、仕事の合間に息抜きも必要だろう」と、囁いたらしい。

栗田英男は中曾根康弘の引きで衆議院議員を三期務めたのち、政界を引退している。世間からは総会屋と見られていた。昭和五十年(一九七五)、関東の小京都と言われる足利市に西洋の古城のような美術館をつくり、周囲を驚かせた。私は三十年ほど前、足利学校を訪れた折、偶然この栗田美術館を見つけ、立ち寄っている。平日で観客が少なかったせいもあるが、一般に思い浮かべる美術館とは異質な印象だった。足利市は小ぢんまりした風光明媚な街だ。だが、中心部から少し離れたところにある栗田美術館は、趣味の悪いけばけばしい派手な建物で、落ち着いた街並みの足利には似合わない感じだった。館内には古今東西の古美術品が、権威付けのための説明書きとともに飾られていたが、どれが本物でどれがレプリカなのか、私には判別がつかなかった。

栗田が早坂といつ、どこで、どのように繋がったのかはわからないが、二人は刎頸《ふんけい》の友と言ってもよかった。あるとき栗田が、行きつけの銀座のクラブ「モン・シャトー」のオーナーママの安達を誘い出した。

「山形弁丸出しのアカ抜けない男だが、不動産屋で売り出し中の男を紹介するよ。気にいったら煮ても焼いても構わないよ」

笑いながらそう言った栗田に、金回りのいい客ならいくらでも欲しいと考え、安達は夕方の同伴出勤を条件にあっさり応じた。安達が栗田に呼び出されたのは昭和五十八年（一九八三）二月二十日だ。安達の早坂に対する第一印象は、栗田が言ったように、山形弁を使うぶっきらぼうな礼儀知らずというものだった。パンチパーマが田舎者の不動産屋にはお似合いだった。そんな初対面の早坂の第一声は、次の言葉だったという。

「洋子は本名か？」

「はい」

「俺の娘と同じ名前だ。縁があるな」

早坂は財布から成人式の着物姿を撮った娘の写真を出して見せた。A・T子が家庭教師を務めた娘だ。「最上恒産社長」という名刺を差し出した早坂は、あまり酒が飲めず、ホステスにもベタベタせず、そのことが安達の印象に残った。このとき早坂は四十七歳だった。

「去年の十一月に女房に死なれたばかりだ」

不動産屋はポツンと呟いた。栗田は聞いているのかいないのか、横でスコッチの水割りを嘗めていた。

しばらくして安達は、手形を落とせないことがあり、ほかにも頼る相手はいたが、ふと早坂の顔が浮かび、青山の最上恒産を訪ねた。青山学院大学のすぐ西隣の小さなビルの二階が事務所だった。近くの喫茶店に行くと、関係があるのかないのか隣にタレントの東京ぼん太が黙念と座っていた。手形の話をすると、「いいよ、決済してやろう」早坂は無造作に言い、「これからは何でも相談しなさいよ」とあっけないぐらい簡単に承諾した。これが親しくなるきっかけとなった。

その夜、店に来た早坂を安達は世田谷の家まで送った。「まあ上がりなさい」と言われるまま、安達は早坂宅に寄ることになった。早坂はまず亡き妻の仏壇に手を合わせた。

「別れたあんたの旦那はいくつだ」

「昭和十年生まれでした」

「オレと同じだな」

早坂はしんみりした様子だったという。

安達洋子は昭和十七年（一九四二）生まれ。新潟中央高校二年のとき「ミス新潟」に選ばれている。卒業後、富士銀行（現みずほ銀行）に就職。そして三十七年（一九六二）四月、衆議院の決算委員長などを歴任した田中彰治の次男で慶応出の商社マン、正八と見合い結婚をする。二十歳のときだ。披露宴は帝国ホテルで華々しく挙げた。義父の田中彰治は同じ新潟出身の田中角栄ほど有名ではなかったが、「爆弾男」とか「マッチポンプ男」などと呼ばれた名物代議士だ。晩年はスキャンダルにまみれて逮捕され、失脚している。安達は四十二年（一九六七）一月に長女を出産するが、夫の浪費が原因で離婚している。安達姓に戻り、翌年、六本木で喫茶店を開業。天分の人当たりの良さと運もついて、喫茶店からバー、クラブと大きく展開、やがて銀座に進出した。

「週刊新潮」昭和五十一年（一九七六）七月二十二日号の「クラブ欄」に「故田中彰治の孫をかかえた『七丁目のママは女カマキリ』」という見出しで、次の記事が載っている。

「『ずいぶんご活躍のようね。昨年の春までは、赤坂の芸者さん連れて、ノンビリとブランデーを傾けていたのに……』三木〔武夫〕追い落しに忙しい椎名悦三郎氏も、銀座七丁目の高級クラブ『トワ・エ・モア』の安達洋子ママ（三四）にかかっては、ただの客にすぎない。そういえば、この店は、もう一つの〝政局の目〟河野洋平氏もしばしば姿を見せている。財界では堤清二氏がご贔屓筋とか。梶山季之氏、荘《しょう》清彦氏（前三菱商事社長）なども、ときどき顔を見せていたそうだ。輪島、北の湖、両横綱の揃い踏みならぬ、揃い飲みを見ることもある。

実はこのママ、昨年十一月に肝硬変で亡くなった〝政界のマッチポンプ男〟田中彰治の次男坊、正八氏の奥さんだった。しかも『三人いる本妻の息子の嫁の中では一番おじいちゃん（彰治氏）に可愛がられていた』そうである。〔中略〕

とにかく、鳴かない猫はよくネズミをとる、というが、ママはこの典型。普段は目立たない。ところが、これは、と目をつけた男が現れると、ガバっと身を起こし、バリバリと食い殺す『カマキリ女』。恐ろしくて手が出せない」

当時、安達はすでに銀座、赤坂、六本木に四つの店を所有。まず六本木に「トワ・エ・モア」を、そして銀座に「モン・シャトー」をオープンさせ、以後さらに二店増やして四店を経営していた。

安達と早坂の出会いは「週刊新潮」の記事が出た七年後のことで、どちらが仕掛けたのか、二人はまもなく一緒に韓国旅行へ出かける間柄となった。「オレと一緒になって家庭に入る気はないか」と誘われたとき、安達が億単位の金を動かす不動産屋の後妻に魅力を感じたのは、むろん計算づくのことだったろう。

出会って三ヶ月後の昭和五十八年（一九八三）五月に、元赤坂の安達のマンションで二人は同棲を始めた。安達の娘で森村学園短大生の真理子も同居した。早坂の娘は二人ともすでに結婚しており、息子の政吉は寮生活で、週末のみ帰ってくる大学生だった。八月には早坂が新潟の安達の実家で両親に挨拶。山形の長兄にも報告するなど、けじめのつけ方に早坂の日常とは違う一面が窺える。安達のほうに「入籍」の目論見があったのは当然だろう。しかし「家庭」に入ってもクラブのママは辞めず、どこかかたちだけという雰囲気は漂う。

翌昭和五十九年（一九八四）一月三十日の夜、安達が経営する銀座の「トワ・エ・モア」に、早坂と鎌倉の長勝寺住職、久村諦道《たいどう》がいた。日蓮宗の僧侶で最上恒産グループの相談役でもあった久村は、当時七十歳前後。鼈甲《べっこう》縁の眼鏡をかけ、寺の住職には見えない怪人物だった。どのような縁か、早坂の亡くなった妻は長勝寺によく参拝していた。境内の四天王像の台座には、東京相和銀行〔現東京スター銀行〕系の不動産会社、東京エステートや暴力団稲川会の石井某の名が、また日蓮像の台座には早坂夫妻の名が刻まれている。その早坂と久村が飲んでいるところへ、一本の電話が入った。

早坂の仕事仲間だった尾崎清光が、入院先の東京女子医大で何者かに狙撃され、死亡したという知らせだった。安達は前掲書『冬の花火』で、尾崎は地上げ仲間で、いかにも不審な人物だったと回想している。安達はほかにも小林霊光弁護士など、何人かの名を早坂の仕事仲間として挙げている。久村の勧めで得度した小林の本名は俊明で、最上恒産グループの監査役だった。ともかく、尾崎の突然の死に早坂も絡んでいるのではないかと、当然ながら警察に疑われた。早坂は警察に何度も呼び出され、事情聴取を受けている。

日本経済はこの頃からバブル期に入り、東京の地価はたった一年で八十パーセントも上昇した。日経平均株価も前年同期より五割上昇、二万五千円前後となった。いわゆる「プラザ合意」の影響だ。一九八五年九月にアメリカのレーガン政権がイギリス、ドイツ、フランス、日本の大蔵大臣を集め、各国協調してドル安方向へ市場介入しようと呼びかけ、ニューヨークのプラザホテルで合意された。ドル安になれば、貿易赤字は解消するとアメリカは考えた。結果、ドルは二百四十二円から百五十五円にまで急落した。これを受けて日本銀行は公定歩合を五パーセントから二・五パーセントまで引き下げた。公定歩合とは、日銀が一般の銀行に貸し出すさいの金利を指す。何でもアメリカの思いどおりだった。

日本の市中銀行の金利も下がった。中小企業や個人商店も金を借りやすくなった。大手銀行は軒並みダミーの関連会社をつくり、怪しげな不動産会社にもまとまった金を貸した。バブル景気は五年三ヶ月続き、日本の市場にはカネが溢れた。余ったカネは土地、株、美術品に注ぎ込まれ、それらの値が暴騰した。不動産について言えば、小さな土地を一つにまとめ、ビルを建てれば、値が数倍にも跳ね上がるという現象が起きた。

好景気は一般社会にも及んだ。銀座、赤坂、六本木などには人が溢れ、深夜になってもタクシーは拾えなかった。一杯のラーメンを食べるのに東京と札幌を飛行機で往復した、などとも囁かれた。毎日新聞東京本社近く、神田神保町の六坪の鮨屋「鶴八」にも七億の値がついた。店主の師岡幸夫は鎌倉に五十坪の替地を用意してやると地上げ屋に言われた。師岡は「悪夢を見ているようだ」とこの話を断り、隣近所も地上げに応じなかったため、六坪の鮨屋は残った。その後、二代目の田島道弘が受け継いでいたが、平成二十九年（二〇一七）十二月で店を閉めた。三十年（二〇一八）四月からは、師岡の最初の弟子である石丸久尊が「新橋鶴八」を閉め、神保町に戻ってくるそうだ。

世の中がバブル景気に浮き立つなか、昭和六十年（一九八五）の秋には早坂邸が新築された。東京都世田谷区砧《きぬた》の百坪の敷地に地下二階、地上二階、カラオケ・ビデオルームも完備されていた。周囲からは「世田谷バブル御殿」と呼ばれた。この豪邸で同年十一月二十三日に、早坂の満五十歳の誕生生パーティーが盛大に行われた。

パーティーに招かれたのは、第一相互銀行の社長となっていた小林千弘や、三和信用金庫（現みずほ銀行）理事長の日野太郎ら銀行関係者、弁護士の小林霊光や長勝寺住職の久村諦道ら会社関係者、また早坂が贔屓にする北島三郎、小林旭、森進一や横綱の北勝海《ほくとうみ》（現日本相撲協会理事長八角親方）ら芸能、スポーツ関係者で、約六十人が集った。ホテルから運ばせた和洋の豪華料理が並び、高級なワインやシャンパンが林立した。深夜までプロの歌手がカラオケで喉を競った。当時の最上恒産のテレビコマーシャルの「顔」はスター歌手の小林旭だった。アキラはオーナー早坂のリクエストに応え、次々と自慢の声を張り上げた。

翌昭和六十一年（一九八六）二月二十二日の深夜、早坂邸に一発の銃弾が撃ち込まれた。西新宿の地上げの最中で、これに絡む嫌がらせだと考えられた。安達洋子は『冬の花火』で早坂のそのときの様子を次のとおり記している。

「日頃見せたがらない気の小さな一面が、隠しきれないで現われていた。怯えが、あからさまに顔に出ていた」

翌三月には突然、段ボール箱が二つ、早坂邸に持ち込まれた。

「相手側の会社の弁護士を買収する金だと早坂は言った。一箱に一億五千万円ずつ二箱。一箱は新橋に事務所をもつTという弁護士に、あとの一箱はフジタ工業の三人の弁護士に五千万円ずつ分けられた」

「地上げ」以外で早坂の悪名が一般社会にまで轟くのは、それからまもなくのことだった。

「アッコちゃん」と「キャンティ」

早坂太吉は女好きだった。と言うより、気に入れば前後の見境もなく、安達洋子の連れ子の親友にまで手を付けるような男だった。のちに林真理子が小説『アッコちゃんの時代』（新潮社　二〇〇五）の主人公として描くこの十九歳の短大生は、飛びぬけた美貌とスタイルの持ち主で、モデルにスカウトされたり、カメラ会社のイメージガールに選ばれたりする特別な少女だった。バブル期の青年実業家たちも注目した、六本木の「華」だった。本来なら住む世界が違うはずだが、たまたま安達の連れ子、真理子とは高校一年からの親友で、接点ができた早坂は、「アッコちゃん」こと小出明子を、家族旅行に誘うなどして強引に近づき、「自分の女」にした。

早坂は小出を連れ歩いた。小出の好む場所へ行き、好きなものを食べさせた。高級なシャンパンやワインを次々と開けた。競馬場にも行った。その姿は写真週刊誌にスクープされ、二人は世間から好奇の目を浴びることになった。しかし早坂は気にも留めなかった。

にわか成金に興味津々だった小出だが、山形弁の「ダサイ」中年男がしだいに煩わしくなった。一方、早坂はますます小出の虜となり、拘束しようとした。神宮外苑近くのマンションに囲ってそこから出勤し、夕方には帰ってきた。「籠の鳥」にされた美少女が、そんな生活に我慢できるはずもなかった。五百万円の時計ショパール以外は何も買ってもらっていない。とにかくケチだ。

「アッコちゃんとオレは、金で結びついてるんじゃねえべ」

早坂は二言目にはそう言った。夕飯も小出が用意する干物に味噌汁ぐらいで満足していた。バカバカしい。もうたくさんだ。小出はマンションを飛び出し、世田谷区下馬《しもうま》の自宅に戻った。だが、そのまま落ち着くことはなかった。

相変わらず六本木界隈のプレイボーイたちは、虎視眈々と「アッコちゃん」を誘い出す機会を狙っていた。小出が早坂のもとを逃げ出し、自宅に戻ったと知るや、さらなる猛チャージをかけてきた。なかでも群を抜いて熱心に口説いたのが、先にも触れた音楽プロデューサーの川添象郎《しょうろう》だった。

川添象郎は明治の元勲後藤象二郎を曾祖父にもち、父の浩史は港区麻布台のイタリアンレストラン「キャンティ」の創業者で、実母はピアニストの原智恵子だった。パリに遊学した父の浩史が、帰国後の昭和三十五年（一九六〇）に開いたキャンティの白亜の二階建ては当時、周囲では目立つ存在だった。開店当初より深夜まで営業し、安部公房、三島由紀夫、黒川紀章のほか海外の芸術家もよく訪れ、加賀まりこ、安井かずみ、荒井（松任谷）由実らが夜毎入り浸った。

川添浩史の長男だった象郎も留学経験があり、音楽や建築に造詣が深かった。荒井由実の二枚目のレコードアルバムを製作し、音楽プロデューサーとして名が知られていた。すでに女優の風吹ジュンと結婚していたが、家には寄りつかず、夜となく昼となく、好き勝手に遊び歩いた。当時すでにキャンティは弟の光郎が継いでいたが、象郎は店を自身の社交場として使っていた。

私が初めてキャンティに行ったのは、昭和五十年（一九七五）の秋だったか。俳優の田宮次郎に呼び出されたのだ。「サンデー毎日」編集長の八木亜夫《つぎお》とともに指定された地下へ降りていくと、田宮が丁重に出迎えてくれた。田宮の用件は、山崎豊子の『白い巨塔』のテレビドラマ化を企画しており、その主役を演じたいということだった。田宮は我々に山崎の「推薦とお墨つき」をもらいたいと言った。キャンティの地下はテーブルの間隔が狭く、とりどりのオードブルを載せたワゴンを押すボーイが行き交い、イタリアンレストランと言うより「魔窟」のような雰囲気だった。隣のテーブルには作詞家の安井かずみとファッションデザイナーの稲葉賀恵《よしえ》がいたが、田宮を一瞥しただけで、それ以上興味も示さず、すぐに二人だけの世界へ入っていった。

田宮とどこで面識を得たのか記憶にない。八木も私も大阪社会部にいたことがあり、毎日新聞大阪本社出身の山崎豊子とは先輩後輩の枠を越えて親しかった。それを知って田宮は我々に会おうとしたのか。話題豊富な田宮は、飲みかつ食べながら二時間以上も喋りつづけた。テレビドラマ「白い巨塔」は昭和五十三年（一九七八）の六月に始まったが、放送が残り二話となっていた十二月二十八日、田宮は猟銃自殺を遂げた。

川添象郎は「アッコちゃん」をうまく誘い出し、キャンティに連れていった。父がつくった店だと川添は囁いた。小出明子にとっても「キャンティ」は憧れの店だった。二人の関係が始まった。

妻がいる家を出て、ホテルオークラを定宿にしていた川添は、いつも突然、小出を伊豆や箱根へと連れ出した。川添と早坂のどちらが金持ちなのかは知らないが、外国で学び、アカ抜けた魅力を放つ男と、山形弁のダサイ男では、何もかも違った。「奥さんと別れて私と結婚してくれるの？」と、小出が箱根へ向かうドライブ中に問いかけると、「ああ、いいよ」と川添は平然と答えた。

川添は小出の願いをことごとく叶えた。やがて二人は同棲し、小出は川添の子を産んだ。男の子だった。それまで離婚に応じなかった風吹ジュンは、小出が男子を産んだことで正式に別れる決意をした。川添と小出は晴れて結婚するが、しかしこれも長くは続かなかった。川添はまた遊び歩くようになり、小出は子どもを連れて実家に帰った。そして小出もまた、子どもを母親に任せ、外出するようになった。五十を過ぎた今も小出の美貌は衰えず、そんな日常は変わらないという。

川添は平成二十五年（二〇一三）七月六日、覚醒剤取締法違反の容疑で麻布署に逮捕されている。東京都港区内のコンビニでの万引きがもとで発覚した。川添は音楽プロデューサーとして活躍した若いころから、覚醒剤の所持や使用で何度も逮捕されていた。環境や立場は違うが、スキャンダルまみれという点では早坂太吉と似ている。

一方、早坂の内縁の妻、安達洋子も、娘の親友を愛人にする無神経さ、破廉恥さに呆れ果てていた。早坂が出張で一週間ほど砧の家を留守にしたとき、荷物をまとめ、娘とともに出ていった。昭和六十三年（一九八八）九月十八日のことだ。いくらかけあっても、自分たち母子を籍に入れないという理由がまずあった。早坂と安達の入籍に猛反対したのは、長勝寺住職の久村諦道である。久村は早坂の莫大な財産が安達との入籍で分散するか、持ち去られることを恐れたのだ。久村にとって早坂は大きな金脈だった。

出張から帰宅した早坂は、高額な絵画類まで持ち去られていることに気づき、安達の銀座のクラブに押し掛け、返却を求めた。安達は慰謝料を請求した。口先だけのやりとりでは埒《らち》が明かなかった。早坂は絵画類の返却を求める訴訟を起こした。安達も慰謝料請求の訴訟を起こした。安達が早坂の家を出て三ヶ月が経っていた。

早坂とともに暮らした五年間で、銃弾を撃ち込まれたり、電話で脅されたり、安達は「地上げの帝王」の実質的な妻として、さまざまな恐怖を味わった。その点を勘案すれば、早坂の財産の半分はもらう権利がある。弁護士とも相談し、安達が早坂に要求した慰謝料は七百五十億円だった。この金額には世間も驚き、週刊誌や夕刊紙は「地上げの帝王」対「銀座カマキリママ」といった調子で書きたてた。史上例のない高額な慰謝料をめぐる裁判は、双方の弁護士による話し合いが何度か行われ、二年後の平成二年（一九九〇）九月十九日、東京家庭裁判所で調停が成立した。和解の条件は安達、早坂とも明らかにしていないが、早坂が五億円を払うことで解決したという。二人は裁判所で調停書類にサインし、すべては終わった。バブル景気の崩壊も迫っていた。

当時は戦後最大の経済事件と言われた住友銀行と関連会社イトマンの不祥事が世間を騒がせてお

り、検察も捜査を進めていた。早坂と安達が裁判で和解した翌年、平成三年（一九九一）の七月、住友銀行元常務の河村良彦イトマン社長、伊藤寿永光常務、許永中顧問が大阪地検特捜部に逮捕された。三人の摘発から二年後、平成五年（一九九三）の十二月三日には、事件を背後で指揮した「住友銀行の天皇」磯田一郎が、大阪府高槻市の老人ホームで死去している。八十歳だった。最晩年は誰も近寄らず、認知症気味だったという。

早坂太吉は平成元年（一九八九）の二月に最上恒産本社を七階建てのビルに建て替えていた。その三年前、昭和六十一年（一九八六）には法人所得が全国第三位となり、また演歌歌手の円山理映子との同居も始めていた。円山は美空ひばりの実弟と結婚し、わずか十ヶ月で別れており、本名を山口澄子と言ったが、この関係も長くは続かなかった。本社ビルを建て替えた翌年、平成二年（一九九〇）には最上恒産の法人所得も一億九千万円と激減した。平成三年（一九九一）には二度目の不渡りを出し、二月八日付で早坂は最上恒産の役職のいっさいを辞任した。しかし、すべては表向きで、実際にはその後も伊豆に別荘を買うなど金に困った様子はない。演歌歌手と別れてからは、韓国籍の女性二人と少しの間隔を置き、同居している。

そして平成十三年（二〇〇一）の暮れ、早坂は脳梗塞で倒れた。担ぎ込まれた病院ではただの酔っ払いと間違われたため、適切な処置がなされず、転院先の東邦医大大橋病院で脳梗塞と診断された。すでになす術がなく、早坂は同病院で約五年間、身体中にチューブを着けられ、意識も戻らないまま、平成十八年（二〇〇六）一月二十五日に七十歳で死んだ。最期は息子が看取ったという。

論説委員と編集委員

話は溯る。鳥井守幸は春木猛独占インタビューの直後、昭和五十六年（一九八一）八月一日付の定期異動で「サンデー毎日」編集長から編集局の論説委員に移った。通常の人事で、「サンデー毎日」編集長の任期はまる二年なのだが、しかし春木事件の再審請求へ向けてこれからというときに、鳥井は出鼻を挫かれるかっこうとなった。

異動の内示を受けたとき、鳥井はまず出版局長に、次いで編集局長に、あと一年待ってほしいと願い出たが、受け入れられなかった。これ以上、春木事件に関わらせないためだという声も周囲では囁かれたが、それほど深い意味があったとは思えない。

後任の編集長には、「サンデー毎日」の筆頭デスクから「毎日グラフ」の編集長に移っていた今吉賢一郎が就くことになった。今吉は私の同期だ。鳥井が春木事件を引き継ごうとしたら、今吉やデスクたちはにべもなくこのように言ったそうだ。

「すでに春木も出所しているし、あの事件はもう解決済みで、新事実なんて出てこないですよ。冤罪を晴らすための再審請求なんて、現実的に難しい。いくら執着しても雑誌の売れ行きには繋がりませんよ」

今吉は真面目一筋の堅物で、人望もあるにはあったが、軟派の週刊誌編集長には向かないタイプだった。官僚にでもなるべきだと私などは思っていたが、しかし組織の人事とはそんなものだ。

鳥井は異動に際し、論説委員だけでは自由が利かないから編集委員も兼務させてほしいと、人事に注文をつけた。しかし兼務にすれば、糸の切れた凧のようにどこへ飛び出していくかわからないと、編集局長が自由奔放な鳥井を警戒し、最低でも一日二回は会議のある論説に縛りつけたというのが、もっぱらの噂だった。おそらくそのとおりだろう。論説委員には朝刊論説欄のテーマと執筆者を決める会議がある。原則この会議には出なければならない。一方、編集委員には月に一回程度の連絡会議ぐらいしかない。編集委員は自らが提案し、通した企画のテーマを追って取材、執筆すればよく、自由に飛び回ることができた。そのせいか、編集委員は「非常勤と一緒で、勝手放題だ」などと社内ではやっかまれていた。

私はその二年前に編集委員になっていた。そして、新潮社編集者の伊藤貴和子に偶然見出された夕刊一面下の、同時ドキュメントの短期連載をもとに、『長い命のために』を書き下ろしで出版した直後だった。また、同じ夕刊一面下で、翌昭和五十七年（一九八二）五月十日から始まることになる、全国五ヶ所の女子刑務所の受刑者を取材した長期連載（『長い午後　女子刑務所の日々』毎日新聞社　一九八三）を準備しており、多忙を極めていた。

毎日新聞東京本社の、同じ四階の西端にある論説委員室から東端の編集委員室に鳥井が姿を現わしたのは、いつのことだったか。当時、編集委員は八人いたが、ほかの者には目もくれず、鳥井は私のほうへ真っ直ぐ歩み寄り、「九階に行こう」と言った。久しぶりだな、とか、今は何をしている、などとはいっさい聞かない。いきなり本音を吐くのが鳥井だ。

鳥井は分厚い書類を抱えていた。春木事件に関する資料だろうとは、察しがついた。論説委員となった鳥井は、最低限のノルマとして社説やコラムを書き、それ以外は春木事件に没頭していた。鳥井との話題は春木事件以外にない。もとより承知だ。私も春木事件の多彩な登場人物たちに興味があったし、石川達三との関わりから独自に取材も進めていた。いつの日か書きたい、いや書かねばならないテーマだった。

井上正治弁護士

「アラスカ」の時計の針は午後四時を回っていた。もうドリンクタイムだろう。鳥井守幸はいつものウイスキーの水割りではなく、私が頼もうとした白ワインに黙って頷いた。

「グラスの白ワインを二つ」

我々は皇居が見えるラウンジの窓際の椅子にどっかと腰を下ろした。鳥井はパイプを咥《くわ》え、ハーフアンドハーフを詰め込んだ。独特の甘い香りがする煙草だ。

「週刊誌は離れたが、オレは春木の冤罪を晴らすために、徹底的にやるつもりだ。お前は夕刊で女子刑務所のことを連載するようだが、石川達三さんを手伝った『七人の敵が居た』は不完全燃焼だったんじゃないか。あれはノンフィクションじゃないし、小説でもない。中途半端だ。やはり春木事件は、ノンフィクションとして読みたいな」

「当然ですよ。必ずいつか書きます」

私は白ワインを口にしながら応じた。かつて石川達三ともそう話していた。

「再審請求の当てはあるんですか？」

私は鳥井のパイプと、ほとんど飲み干されたワインのグラスを交互に見つめた。

「九州大学の法学部長だった井上正治を引っ張り出そうと思ってる。それしかない。井上は何事にも筋を通す弁護士で、信念の人だ。納得すれば引き受けてくれるだろう」

鳥井は初任地の福岡で、九州大学法学部教授だった井上と出会っていた。訪ねた瞬間、井上が放つカリスマ性と、学者らしからぬスケールの大きさに圧倒されたという。学者なのか、大衆を巻き込む説教師なのか、その風貌と弁舌に魅了されたと鳥井は回想した。

井上正治は大正九年（一九二〇）二月十一日に福岡県の宗像《むなかた》で生まれ、山口県の下関で育った。下関中学から旧制福岡高等学校を経て、九州帝国大学法学部に進んだ。高校の三年間は首席で通し、ドイツ語が得意で、ヘッセやゲーテを原文で読んだ。大学ではドイツ文学を専攻したいと考えたようだが、しかし文学は趣味でやるべきで、男子一生の仕事ではないと周囲に諭され、法律を選んだという。法律のどこに魅かれたのか、確かに理屈っぽいところもあったらしい。

井上は九州帝大二年生で、当時は司法試験も兼ねた高等文官試験に合格している。群を抜く秀才だったようだ。昭和十七年（一九四二）に九州帝大を卒業、海軍の法務官となり、ニューギニア近くのアンボン島の前線に赴任した。

戦後、昭和二十一年（一九四六）四月に母校の講師に迎えられ、二十三年（一九四八）に助教授、二十六年（一九五一）には三十一歳の若さで教授に昇進している。井上は九大で最も早く教授に昇進した若手学者だった。井上が学者として知られるようになったのは、「過失犯の構造」という論文による。過失犯を行動面から捉えたその理論は、もとはドイツの学者エンギッシュの考察で、井上が初めて日本に紹介した。独創的発想として評価されたが、東京大学の平野龍一や京都大学の平場安治といった当時の若手学者は、過失犯を行動ではなく、心理面で捉えるという正反対の立場を採っていた。しかし三人は互いの理論を超えて親しかったと言われる。

井上との出会いについて、私は尋ねた。

「鳥井さんが記者になったとき、井上氏はすでに教授だった?」

「オレの福岡赴任が昭和二十九年で、井上の教授就任が二十六年だから、すでに三年目だな。当時、井上は三十四歳か。オレとは十歳ぐらいしか離れていないのに、破格の扱いだ。こちらも新米記者で生意気盛り、向こうも気鋭だし、話が面白くて、毎日のように研究室へ遊びに行ったよ。とにかく頭の回転が速かった。学者なんて研究室で黙々と専門書を読み耽る手合いだと思っていたが、井上はまるで正反対だった」

若き教授は鳥井ら若手記者を夜の中洲へ誘い、ともに酒を飲んだ。井上は酒が強い上に頭脳明晰、弁舌爽やかで話題も豊富、当然、ホステスたちにもモテた。興が乗れば自らカウンターのなかに入り、洒落たカクテルの一つもつくる。そうでなくとも博多の街では、九大の先生は贔屓にされる。身長百八十センチと背が高く、眼光鋭い井上は、おそらく自分でも意識して振る舞っていたのだろう。鳥井もそうだが、井上にも自意識過剰な一面があったのではないだろうか。

井上は昭和四十二年(一九六七)、わずか四十七歳で法学部長に抜擢された。昭和四十年代の前半は、再び学生運動が全国的な盛り上がりを見せた時期だ。翌四十三年(一九六八)の一月十六日には、アメリカ軍の空母エンタープライズの佐世保寄港をめぐって、反対する学生たちと警官隊が博多駅頭で衝突した。九大ではキャンパスを占拠しようと、教養部正門に四百人の学生が集結した。部外者の構内立入禁止は宣言したものの、警察の力に頼る排除には大学当局も躊躇しており、結果的に学生らの突入を許すことになった。当時の池田数好教養部長の談話が残っている。

「ケガ人や逮捕者を出したくなかったので門を開けた。それを弱腰というなら、それも甘んじて受けよう。だが、門を開いたのは教育の広い意味での愛情だった」

大分支局に移っていた鳥井をはじめ各社の記者が井上のもとへ駆けつけた。さらに過激な法学部長の談話を取りたかったからだ。井上は八日後の一月二十四日、福岡法務局に対し、こう主張した。

「福岡県警がエンタープライズ寄港阻止にやって来た学生たちに一月十六日朝、博多駅頭で取った警備行為には人権侵犯の疑いもある」

また、井上は「中央公論」同年三月号に「正規の令状もなく強制的に所持品検査をしたり、暴力を振るったのは、明らかに警察の行き過ぎ」だと強調し、次のように書いた。

「大学は三派系の学生も人間として扱った。教養部長が自らの手で正門を開かざるを得なかったのは、もし学生が強引に正門を突破すればその背後で待っている警官隊が突入し彼らが傷つくことを恐れたからだ。警官隊は彼らを人間と見ていない」

この記事に対し、福岡県警本部長の前田利明が翌月の「中央公論」四月号で「所持品検査は承諾を取ったし、行き過ぎはなかった」と異例の反論を書いた。そしてまた井上が翌月の「中央公論」五月号で前田の反論への反論を書くという誌上論争にまで発展した。

火に油を注ぐの譬《たと》えか、同年六月二日の夜、アメリカ軍のファントム・ジェット機が九大構内に墜落するという事故が起きた。当然のように米軍板付《いたづけ》基地（現福岡空港）撤去運動が盛り上がり、博多の街では連日の抗議デモが繰り広げられた。同月四日のデモには九大教授団も加わった。井上は「法学部長」と大書した襷をかけて先頭に立ち、水野高明総長もこれに続いた。教育基本法八条二項には「法律に定める学校は、特定の政党を支持し、又はこれに反対するための政治教育その他政治的活動をしてはならない」とある。国立大学、しかも旧帝国大学の法学部長が、エンタープライズ寄港反対の挑発的な声明を出し、デモの先頭に立ったことは、政府を刺激した。そして井上は「危険人物」としてマークされることになった。しかし井上はものともせず、外務省やアメリカ大使館などに「板付基地の速やかなる撤去。それが早急に実現しないのなら、実現までの安全の保障」を要求した。むろんアメリカ軍や日本政府から具体的な回答はなかった。

六月二十六日、井上は鳥井ら各社記者の求めに応じて会見を開き、次のように語った。

「米側や政府の立場もあろうと思い、話し合ってきた。が、アメリカも政府も安保をタテになんら誠意を持っていないことがわかった。もはや、政府や米側の立場を考える必要はない。大学独自の立場で機体の処理にあたる」

翌日の記者会見では、さらに踏み込んだ。

「ジョンソン米大使や三木外相に会ったが、安保があるので日本としても使用制限や訓練中止を要求できないという答しか出てこなかった。九大が生命の安全を保つためには、安保破棄まで要求しないといけないことがはっきりした。公務員である国立大学教授がどんなかたちで運動できるか、評議会で検討する」

政府が井上を「危険思想の持ち主」だと決定づけたのは、翌昭和四十四年（一九六九）一月十三日に放送されたTBSテレビの「マスコミQ」という番組による。番組は九大に墜落したアメリカ軍ジェット機の問題を取り上げていた。「あなたの敵は誰ですか」というインタビュアーの質問に対し、井上は「私の敵は警察です」と答えた。確信に充ちた答だったという。

同年三月十一日、九大当局は全学部教授会や評議会に諮り、井上を次期総長に推挙した。井上が法学部長に就任して二年、空母エンタープライズの佐世保寄港をめぐる学生と警察の衝突、アメリカ軍ジェット機の墜落と、世情は騒然としていた。そのようななか、一貫して過激な言動を繰り返した井上が総長になることを、政府が黙って見過ごすはずもなかった。案の定、政府は文部大臣に発令を拒否させた。当時、国立大学の学長人事は文部大臣の発令で正式に決められていた。まして元帝大の「総長」だ。「駅弁大学」と揶揄された戦後新設の地方の国立大学の学長とは訳が違う。国にも意地があった。学内には、井上を総長に推しても辞令が下りないとの見方もあったが、権力から自治を守るという正論のほうが強かった。しかし、辞令が発せられなかったときの対処法は、誰も考えていなかった。

井上自身は、文部大臣の拒否はあり得ると考えていた。むしろその可能性のほうが高く、すでに腹は決まっていた。七月七日、井上は国を相手取り名誉回復を求めて提訴した。そして翌昭和四十五年(一九七〇)、井上は辞表を提出した。井上らしいと見る者もいた。辞表の撤回を促す者もいた。結局、辞表は受理され、井上は同年三月三十一日付で退官した。満五十歳だった。追って九大は四月二十一日付で井上を名誉教授にしている。文部大臣に対する抵抗、あるいは意地とも言える行動だった。

井上は弁護士となり、東京へ出た。千代田区五番町に事務所を構えた井上は「九州大学名誉教授・弁護士」の肩書で、連合赤軍や破壊活動防止法関連の裁判など、世間に注目される思想事件を扱った。とくに、連合赤軍の永田洋子の主任弁護人を務めたときは、「悪い人間は死刑にしても構わないなんて論理があるはずがない。裁判は復讐ではないのだから、冷静に審理が続けられる必要がある。そのためには弁護人の責任も重く、時間を作ってなるべく頻繁に彼女に接触したい」と述べ、東京拘置所に通いつづけた。永田とのやりとりはマスコミを通じて世間に公表し、作家の遠藤周作との面談も実現させた。そのような活躍で井上は知名度抜群の弁護士となったが、昭和四十九年（一九七四）一月十四日に革マル派に襲われ、全治四ヶ月の重傷を負っている。いずれにしても世間の話題に事欠かない弁護士だった。

「井上氏のような人が、春木事件の再審を引き受けてくれますかね」

私は問うた。鳥井は相変わらずパイプを左手に持ったまま、二杯目のワインで顔をほんのり赤く染めていた。

「井上さんだからこそ頼みたいんだよ」

鳥井は語気を強めた。

「電話で話したよ。春木事件は井上さんが上京して三年目に起きている。朝日のスクープは記憶にあるそうだ。裁判記録や関係資料を読みたいと言うので、送ってある。井上さんに会う前にもう一度、考えを整理しておこうと思って、早瀬の話も聞きたかったんだ」

鳥井が持ってきた資料のなかから、私は最高裁の上告棄却文を広げ、五人の裁判官に「団藤重光」が入っていることをあらためて指摘し、不思議だと伝えた。

「それはわかっているよ」と鳥井は制し、事件の具体的な内容から分析することを提案した。私は事件の疑問点を思い浮かべた。ただの美人局《つつもたせ》とは言えない。登場人物は多岐にわたり、しかもA・T子の言動が、事件をいっそう複雑怪奇にしている……。鳥井は私を疑視し、先を促した。

「順を追っていこう。まず、朝日のスクープを見て、すぐ青学に駆けつけたときのことを、もう一度詳しく聞きたい」

「法学部の教員たちの研究室が入っている五号館は、なぜか静まりかえっていましたね。どの研究室も留守だったのが印象的でした」

私と鳥井は事件の時間軸に沿い、一つ一つ話し合ったが、結局、いつもと同じところで躓《つまず》いた。

鳥井が口を開いた。

「早坂太吉とT子の父親は共同経営者だった。T子は早坂の娘の家庭教師だった。早坂とT子は特別な関係になった。それぞれの思惑はわからんが、特別な関係にあった男に、美人局まがいのことをやれと言われて、女は納得するか？　チンピラの金づるに堕ちたシャブ中の女じゃあるまいし、青山学院大学の学生だぞ。考えられない。T子には会えないのか」

「何としても会いたいですね」

繰り返すが、なぜT子は美人局まがいのことまでしたのか、当時はその点が理解し難いところだった。春木事件と同じ年、昭和四十八年（一九七三）の七月には、立教大学の助教授が教え子を殺害するという事件が起きていた。立教生え抜きのエリート助教授、大場啓仁《ひろよし》が不倫関係にあった教え子を殺し、恩師の別荘にその死体を埋めた事件だ。九月、大場は立教の後輩だった三十三歳の妻、そして六歳と三歳の娘を連れ、一家四人で静岡県の伊豆半島南端にある石廊崎《いろうざき》の岸壁から飛び降りた。遺書によると、大場の妻の強い意志で一家心中を図ったらしい。この衝撃的な結末と比べれば、春木猛とT子のケースは、ありふれたセクハラ事件と言っていいかもしれない。しかし、登場人物それぞれの欲望が渦巻いている点では、大場事件より複雑だ。

大場事件で一つ引っかかったのが、殺された女子学生の実家が甲府の裕福な呉服屋だったことだ。春木事件の登場人物の一人、中尾栄一代議士の実家も甲府で、仕立屋だった。甲府と言えば、青山学院院長の大木金次郎の出身地でもある。春木が入手した情報によれば、朝日新聞のスクープが出る前夜から小林孝輔法学部長とその「一派」が「逃れていた」のも甲府の湯村温泉だ。また、時期は定かではないが、早坂とT子の父親A・Tが甲府郊外で地上げを行ったという話もある。

大木と中尾は同郷同窓、先輩後輩の間柄だが、先にも触れたとおり大木のほうが距離を置いていたという。私は中尾の情報をもっと集めたいと考えた。インターネットにも中尾の現在の情報はほとんど出てこない。私は毎日新聞甲府支局に問い合わせた。しかし次のような返答しかなかった。

「中尾元代議士についてはすでに足跡がなく、汚職逮捕以後の消息は地元でもわからない」

私は新聞社のOBだが、今どきの記者はサラリーマン化しており、当てにならないと腹を立てた記憶がある。以前も『大本襲撃　出口すみとその時代』（毎日新聞社　二〇〇七／新潮文庫　二〇一二）の執筆中、やはり毎日新聞京都支局長に、昭和二十年（一九四五）当時の特高課長の消息を調べてもらったことがあるが、京都府警の広報課に問い合わせただけで、後日わかった事実とはまったくかけ離れていた。広報に問い合わせた程度で、何がわかるというのか。

再審請求弁護団と春木猛の死

鳥井守幸が東京都千代田区五番町の事務所に井上正治を訪ねたのは、年が明けて昭和五十七年（一九八二）の一月である。先に鳥井が送っておいた春木事件の関係資料を、丹念に読んだ井上から連絡があったのだ。井上は開口一番、重々しく断じた。

「これは冤罪と言うより、そもそも無罪だね。無罪しかあり得ない。事件として起訴すること自体に無理がある。とにかく、いったん起訴したら何が何でも有罪にするのが日本の警察や検察庁、裁判所のやり方だ。渋谷署の調書も東京地検の調書も無理に無理を重ねている。裁判所の判決だって、懲役三年の実刑なんてあり得ない。しかし、それは我々常識人の理屈、正論でしかない。刑事や検事の側からすれば、強引な論理も至極当然にまかり通るんだよ」

久しぶりの井上節に、鳥井は胸が熱くなった。井上は続けた。

「再審請求はなかなか難しいよ。T子が出てきて、美人局を演じましたと言えば別だが、万一にもそれはないだろう。だがT子の所在は探す必要がある。できることはすべてやって、何とか手続まで持っていこう」

「再審請求自体は可能なんですね？」

初めて口を開いた鳥井に、井上は表情一つ変えず言った。

「通るか否かの推論なら、はっきり言ってだめだと思う。殺人と違ってこの手の事件はいかようにも解釈できる。ともかく門前払いされないように、受理までは行きたいね。そこまで行けば、結果がどうあれ、良しとしなければならない」

しばらくして井上は、木村壮《そう》、黒田純吉、大谷《おおたに》恭子ら冤罪に詳しい弁護士を集めて「春木再審請求弁護団」を結成した。時には春木猛の出席も求め、あらゆる角度から質問した。春木は能弁だった。問われもしないことまで話した。そのためにしばしば時間が長引いたが、井上は遮ることなく、じっと耳を傾けた。些細なことでも、再審請求の手がかりになる可能性があった。井上が春木に注ぐ視線は熱くかつ厳しかった。春木が言い淀むと、井上はさらに厳しく突っ込んだ。

最年少の大谷弁護士は三十代になったばかりだった。若手の大谷はA・T子の二歳下で、中学高校を青山学院で学んでいた。大谷の中高の同級生には、青山学院大学の文学部教育学科に進んだ者もいた。当然ながら二浪のT子とは同級生で、顔見知りの者もいる。彼女たちに大谷はT子の日常を詳しく訊いた。T子はあらゆる意味で「大人」だったという。同級生とはいえ、二十代前半の二歳差はやはり大きい。

ほどなく大谷は、T子が東京都杉並区立和泉小学校で臨時教員をしているという情報を摑んだ。大谷は和泉小学校に出向いた。黒田純吉弁護士も同行した。大谷と黒田はT子に会えたが、表面的なやりとりしかできず、事件のことにまで話題を進められなかった。まだ弁護士としての経験が浅く、追及が甘かったと、大谷は当時のことを回想している。

再審請求弁護団の打ち合わせや会議は、各弁護士が本業の合間をぬい、ボランティアで行われていたため、効率よくは進まなかった。春木の冤罪を晴らすという話を、井上に持ち込んだ鳥井自身、ほかの仕事に拘束されていた。それでも可能な限り、鳥井はこまめに井上のところへ足を運んだ。

しかし再審請求弁護団の尽力も虚しく、平成六年（一九九四）一月三十一日、春木が突然、心筋梗塞で死去した。八十四歳だった。結果、再審請求へ向けた動きは頓挫した。

翌日か、二、三日後か、当時、私が勤務していた名古屋の大学に、鳥井が電話をかけてきた。

「おい、春木さん死んだよ。会って話したい」とだけ言い、鳥井はすぐに電話を切った。鳥井の落胆が痛いほどわかった。新宿区にあった春木の一DKのアパートの壁には、「死して戦う」と、大きく墨書してあったという。あっけない幕切れだった。

だからこそ、と私は思った。何もかもが終わったわけではない。事件の真相に、一歩ずつでも迫らなければならない。しっかり書き残さなければならない――。

春木が死んでしばらくしてから、鳥井と連絡が取れなくなった。独りで放浪の旅に出たと言う者がいた。出身地の九州を彷徨っていると言う者がいた。鳥井は少し前に二十代の長男を亡くしており、そのショックも重なったのではないかと言う者もいた。どこの家庭にも、何かある。絵に描いたような円満などあり得ない。鳥井とは親しかったが、互いに家庭の事情まで話すことはなかった。話題の九割以上が、春木事件のことで占められていた。私生活のことなどどうでもよかった。誰だって五十年、六十年生きていれば、何かしら抱えている。

私が勤めていた名古屋郊外の大学へは二泊三日で通っていた。鳥井も「泣きたくなるような淋しい場所だよ」と、内房線の八《や》幡宿《わたじゅく》が最寄り駅の、千葉県市原市の大学に一泊二日で通っていた。以前ほど頻繁ではなくなっていたが、しかし、会えば時を忘れて話し込んだ。それだけに、鳥井と連絡が取れないのは心配だった。

約半年後、鳥井が東京の小平ではなく、埼玉県下に移った家におり、全身が衰弱しているという噂が入ってきた。携帯電話の番号がもとのままかはわからなかったが、かけてみた。二、三度繰り返したが、応答はなかった。仕方なく、方々で確かめた埼玉県下の住所に手紙を出した。

しばらくして、指定の日時に電話がほしいと、鉛筆で走り書きした返事が届いた。私は葉書に記された日時に、電話をかけた。いつから、どこに、どのくらいいたのかなどは、いっさい聞かなかった。以来、鳥井とは日時を決め、電話でやりとりするようになった。夫人が私からの電話を嫌がっているようだった。鳥井より六歳下の後輩の態度や物言いが、傲岸不遜に映ったのかもしれない。もともと夫人には嫌われていた。鳥井と話しているとき、突然電話を切られることもあった。

四十五年目の答

私は、鳥井守幸と何年もかけて、何度も話し合い、情報を交換した。また、石川達三や野村明人の見解も質した。野村明人には膨大な資料を託され、熟読した。供述調書や公判記録なども読み込んだ。現在は名誉教授の須々木《すすき》斐子《あやこ》や気賀《けが》健生《たけお》ら当時を知る関係者にも取材した。直接会った大木金次郎青山学院院長や町田和夫渋谷警察署署長、後藤田正晴の言葉も胸に刻まれている。それらをふまえ、まとめた春木事件の、四十五年目の答を、以下に記したい。すでに述べたことと重複するところもあるが、ご容赦願いたい。

「被害者」の女子学生A・T子は事件当時、二十四歳だった。歴史ある名門校の東京都立富士高校を卒業。二浪して青山学院大学と日本女子大学を受験、ともに合格している。「二浪」については経済的な理由だったと父親A・Tが証言している。青山学院大学文学部教育学科を選んだ理由については、T子本人が、男女共学のほうが視野も広がると、渋谷署で供述している。なお、T子の成績は文学部教育学科のなかでも優秀だった。

渋谷署の刑事にT子は、子ども好きで、漠然とではあるが、小学校の先生になりたかったと証言している。後年、杉並区立和泉小学校の臨時教員や、杉並区教育委員会の嘱託職員を務めたT子は、非常勤だったにせよ、その希望を叶えていたことになる。平成六年（一九九四）四月の時点で、杉並区の教育委員会に勤務していたことは確かだ。同年四月三十日号の「週刊現代」に「昭和から平成まで　35年間を彩った男と女35人」という特集記事がある。この特集のなかに「青学・春木教授暴行事件　被害者　A子さんに纏《まつ》わる男の影」という見出しがあり、次のように記されている。

「A子さんは、現在、都内のある区の教育委員会で働いている。彼女を訪ねても、『申し上げることはありません』とくりかえすばかり。

45〔ママ〕歳でいまも独身の彼女は、細い体に銀ぶち眼鏡で、事件当時は、さぞや美人であったろうと思わせる清楚な女性だった」

しかしT子は、しばらくして教育委員会にも姿を見せなくなった。以後、T子の消息は途絶える。

学生時代に住んでいた実家の最寄り駅は、京王井の頭線沿線である。同じく「週刊現代」の、昭和四十八年（一九七三）四月十二日号で、先にも触れた国際ジャーナリスト大森実のインタビューに、大学を出て最寄りの渋谷駅から電車に乗り、帰宅するまで四十分ほどかかったとT子は答えている。春木猛の助手O・Hが体育局のアルバイト職員に聞いたという話では、T子の実家は最寄りの「I駅」かその辺から南に歩いて十分、和風の二階建てだった。「I駅」とは「池の上」か「井の頭公園」か。当時、私はその辺りを探したが、T子の家を見つけることはできなかった。

昭和二十三年（一九四八）に名古屋で生まれたT子は、男一人女三人の、四人きょうだいの末っ子だった。T子が小学生のときか、あるいは中学に入ったころ、さまざまな事業に手を出した父親に連れられ、一家で上京している。まもなく父親は早坂太吉と出会い、ともに不動産業を営むことになった。六十代にさしかかった父親が会長、三十代後半の早坂が社長だったが、実権は早坂が握っていた。大学三年生で二十三歳のときT子は、早坂の娘の家庭教師となった。そして早坂と「特別な関係」をもつに至った。早坂には、平成十三年（二〇〇一）に脳梗塞で倒れるまで、金と女をめぐるスキャンダルが絶えなかったが、T子は最初の愛人ではなかったか。とはいえ、やはりその子どもの家庭教師を頼まれた中尾栄一代議士とも「深い関係」が囁かれており、T子のほうにも思惑があったと考えざるを得ない。中尾はOBの政治家だと我が物顔の態度で、青山学院のあちこちの部署に出入りしていた。T子がアルバイトしていた体育局にも懇意の教員がおり、ここで二人は知り合ったと気賀健生名誉教授は見ている。気賀も体育局の教員と親しく、T子のことはよく耳にしていた。

高校卒業後、大学に入るまでの二年間、T子は何をしていたのか。一年目は小さな会社の事務員として、二年目は早坂が経営する赤坂のクラブのホステスとして働いた。後者については大学入学後も続けている。早坂は赤坂に四階建てのビルを所有し、その二階でクラブを経営していた。

早坂経営の赤坂のクラブに、春木スピーチ・クリニック・オフィスの助手O・Hが初めて行ったのは、昭和四十七年（一九七二）の九月下旬だった。上野であった知人の結婚式の帰途に立ち寄っている。顔見知りだった体育局のアルバイトのT子に、店に遊びに来るよう誘われたと、Oは渋谷署に提出したメモで明かしている。その後、Oは赤坂のクラブに入り浸るようになった。ほとんど代金を払っていなかったという証言もある。

Oあるいは T子の紹介か、この早坂経営の赤坂のクラブには、法学部の一部の教授らも来店していた。教授会後の二次会でしばしば利用したという。Oの手記に「本事件の計画の発端を知ったのは昭和四十七年の九月下旬、不動産業早坂太吉氏の経営するビル二階の酒場に、青山学院大学法学部のK先生に呼び出されたとき」とある。「K先生」とは法学部長だった小林孝輔のことだと関係者の誰もが見ている。また、Oの手記には「その酒場に行ってみると、そこには早坂氏、早坂氏の会社の原顧問弁護士、K教授、I教授、O教授、E元青学助教授、T子（春木教授を誘惑する役目の女子学生）らが揃っていた」とある。名がイニシャルになっている教授らもすべて実在した。Oは早坂の店で、過剰な接待を受けたり、留学資金の提供をほのめかされたりした。早坂がT子を使って春木を「誘惑」し、金をせしめるという謀議に、この赤坂のクラブに集った「K教授」らも、直接的にせよ間接的にせよ関わったと考えられる。

Oの手記の全文は先に掲げたが、その内容はまず八戸工業大学の助教授だった斎藤太治男に打ち明けられた。そして、春木の旧友である金瀬薫二弁護士の事務所で、斎藤同席のもと録音された。前述のとおり、このテープ起こし原稿は私の手もとにある。さらにOは、斎藤に連れていかれた大木院長宅でも告白した。大木は斎藤とOに、その文書化と翌日の提出を指示している。

結局、Oは警察や検察庁で、手記は「催眠術にかけられたような状況下で書いた」もので「全くデタラメ」だと供述させられた。そしてOは不起訴処分となり、釈放された。しかし鳥井と私は、Oの手記やメモの内容のすべてが「デタラメ」とは言えないと考えた。須々木斐子名誉教授も同じ意見だった。

ではなぜOは、そのような「告白」をしたのか。Oは事件直後、春木に私淑する韓国人留学生のSや、春木の教え子だった斎藤に、当時の状況を事細かく聴取されていた。Oが早坂と知り合いで、予め春木の顔写真や自宅周辺の地図まで手渡していたことなど、彼らは想像すらしておらず、疑問や腑に落ちない点は徹底的に訊いた。気が弱いところもあるOは、Sや斎藤の追及にたまりかね、手記の内容のような「告白」をするに至ったと考えられる。

T子の主張では、昭和四十八年（一九七三）二月十一日の日曜日の午後、一号館の春木のスピーチ・クリニック・オフィスおよび五号館の研究室で「暴行」を受けたことになっている。最初の「暴行」のあと、わざわざ構内を横切り、別棟まで行って、二度目の「暴行」を受けている。そして翌々日、十三日の火曜日の午後五時ごろ、約束どおり春木の研究室に行ったT子は、そこで三度目の「暴行」を受けたことになっている。

二月十三日の件については、岡野勇治一般教育課長の目撃証言があった。岡野の証言によれば、二人の間に「諍いの直後といった感じ」は「全然」なかった。また午後「七時前」に二人に会ったという証言も、T子の主張する時間とは合わない。これに関しては裁判所も疑いの目を向け、異例の訊問を経て十三日の「強姦の点」については無罪の判断を下している。しかし慈恵医大の医師の証言は採用されていない。「幾つもの穴があけられ」た「ストッキング」に関する大手靴下メーカーの技術者の証言も、T子には不利なものだった。

二月十四日の水曜日、T子は春木へのバレンタインのチョコレートを届けている。三日前と前日で計三度「暴行」された相手に、「親愛なる」と書き添え、チョコレートを届けたことには、警視庁捜査一課の刑事でさえ首を傾げた。T子と春木は互いに「恋愛感情」を抱いていたという解釈は、裁判時および再審請求弁護団の全弁護士、石川達三、鳥井守幸、私の一致した見方だ。また、チョコレートを渡したあと、T子に異変が起きたという解釈も、全員の一致した見方だ。井上正治ら再審請求弁護団や鳥井の推測では、T子は早坂に会い、チョコレートの件を叱責され、春木との「関係」を両親に打ち明けるよう強制された。T子の「役目」はそこで終わり、以後の処理は早坂が担うことになった。

二月十五日の木曜日の午後、逢う約束をしていたT子の代わりに、春木の研究室に姿を現わしたのが早坂だ。当夜、早坂は春木を赤坂の会社に呼び出した。早坂の顧問弁護士の原則雄もその場におり、春木は脅された。

二月十七日、春木側の金瀬薫二弁護士は、代理としてA弁護士をT子側の原弁護士に面会させた。原弁護士はT子の代理として、春木の教授辞任と慰謝料一千万円を要求した。回答の期限は四日後の二十一日午後八時だった。A弁護士は金瀬にT子側の要求を報告し、春木に状況の厳しさを伝えた。金額は交渉し、慰謝料を払い、教授も辞任するというA弁護士の示談の提案を、春木は呑んだ。

この判断を受け、春木は夫人を伴い、大木院長を訪ね、いっさいを報告し、口頭で辞任することを伝えた。そこまでは穏便に運んだ。しかし、回答期限当日の午前中に早坂が交渉の打ち切りを通告、T子の名前で渋谷署に告訴した。

再審請求弁護団の木村壮は、この告訴が最も不可解だと指摘した。告訴にはメリットがない。告訴すれば世間にも知れ渡り、慰謝料も獲れず、T子の名も公になる。つまりすべてが社会に曝される上に、懐も温まらない。常識的には避けたいところだ。春木側の弁護士の金瀬らは、早坂から交渉打ち切りの電話があったとき、なぜ素早く対応しなかったのか。交渉次第では告訴を取り下げさせることもできたはずだ。

また、検事の論告も裁判官の判決も「どちらにでも解釈出来るが、被害者のいう方が自然である」とか「経験則に照らして、被害者の主張がより納得出来る」などと、曖昧な表現に充ちている。弁護人たちは、なぜ早坂やO助手の召喚を求めなかったのか。

何度か事件を最初から振り返るうち、私には引っかかるものがあった。渋谷署長の町田和夫がわざわざ学長の石田武雄を訪ね、「国際部」について質問したことが思い浮かんだのだ。石田学長は国際部について、具体的な話ではなく、春木にも何ら権限は与えていないと町田に答えている。しかし、前述のとおり『青山学院大学五十年史』は、事件の翌年、昭和四十九年（一九七四）四月一日に設置された国際部について、春木の功績だと記録している。町田署長の問いに対する石田学長の回答は、春木に冷淡すぎる。

春木はT子に国際部の人事を任されていると話し、秘書か職員に採用したいと誘っていた。将来の留学もチラつかせていた。その春木の真情は、弁護士の一人に吐露した次の言葉からもわかる。

「T子のような才媛にはこれまで会ったことがなかった。秘書か何かでずっと傍に置きたかった」

卒業を目前にしたT子にとって、国際部で働くことは非常に魅力的で、叶うのであれば是非にと考えたはずだ。T子も告訴直後、最初の事情聴取で、春木が国際部の人事を任されており、秘書か職員に採用したい旨告げられたと、刑事に答えている。それはT子にとって夢のような話だった。もし実現すればと、信じ込んでも不思議ではない。当時の状況を知る関係者の一人は私にこう説明した。

「事件さえなければ、春木氏の国際部長就任は間違いなかった。そうなれば事務職員や秘書の人事ぐらい思うままにできたでしょう。留学経験が豊富で、いろんなルートもあった。何人もの学生を留学させた実績もある」

もともと教職を目指していたT子にとって、大学に残れるのであれば、これほど魅力的なことはない。卒業の一年後でもむろん構わない。国際部の職員か教授の秘書になれたら、将来の留学も夢ではない。現に教授はそのことに何度も触れている。O助手も教授の手で留学を実現させようとしている……最初の事情聴取では、このようなT子の発言もあったとされるが、調書はいつのまにか消え、起訴の段階では記録も残っていない。

なぜT子は二度三度と春木に接近したのか、鳥井も私も、石川達三にしても、理解し難いところだった。早坂太吉にしても、計算外だったろう。ほんの少し近づいて、セクハラ騒ぎを起こしてくれるだけでいい、あとは教授を脅し、金を強請るのみだと目論んでいたことだろう。法学部の教授らにしたって、春木免職の掛け声は酒席の座興でしかなかったかもしれず、しかし告訴に至って、それが「謀議」として表沙汰になるのは、はなはだ迷惑だったはずだ。

T子は新設の国際部に職員として採用されることを本気で願ったに違いない。こう考えればすべてが腑に落ちる。実際、T子は渋谷署での最初の供述で、そのような心境を打ち明けていた。だからこそ町田署長は、わざわざ石田学長に直接会い、国際部について質したのだろう。

T子がバレンタインデーのチョコレートを贈り、心身ともに春木に急接近したことを知り、早坂は見境なく激怒し、二人の関係を両親に告白させた。翌十五日はT子に代わり、早坂自らが春木のところへ乗り込んでいった。そして、T子の願いは粉砕された。

春木は教授の辞任と慰謝料の支払いに応じるつもりだった。慰謝料の額は交渉次第と考えていたが、しかし回答期限当日、二月二十一日の午前中に、早坂が一方的に打ち切りを通告してきた。原弁護士が告訴状をまとめ、その日のうちに渋谷署に提出した。再審請求弁護団の木村が言ったように、なぜ春木側の返事を待たなかったのか。告訴に踏み切れば金を得られる保証はない。事件全体のなかでも謎が残るところだ。実際、T子側は二日後の二月二十三日に、三千五百万円の損害賠償を請求する民事訴訟も起こしたが、結局は裁判所が調停に入り、百万円で和解となっている。

名簿屋

「国際部」をめぐるA・T子の思惑に、一つの答を見出した私は、鳥井守幸に電話をかけた。鳥井は体調を崩しており、外出もままならず、電話で伝えることしかできなかった。

「鳥井さん、T子は春木猛が設立に奔走していた国際部で働きたかったんだよ。それが美人局まがいのことまでした理由さ。自らの意志も多分にあったろうから、もちろんT子には美人局なんて意識はなかったと思う。T子は国際部のこと、そして春木がその人事を任されていることをより深く知って、おそらく自ら距離を縮め、肌を触れ合うまでに至った。国際部は春木が学長の石田武雄に提案したオリジナルの構想だった。一般学部ではなく、留学生が対象の、青学独自のセクションだった。T子は何としてもその国際部で働きたかったんだ。調書は残されてないが、そんなニュアンスのことを、最初の渋谷署での事情聴取でも話している。

春木の助手O・Hの告白を金瀬薫二弁護士のところで録音したときの、テープ起こし原稿がありますね。それを丹念に読むと、小林孝輔ら法学部の教授連中が早坂太吉経営の赤坂のクラブを利用していたことがよくわかります。T子はその店のホステスでした。おそらく国際部新設の情報はまずそこで得たんだと思います。小林ら法学部の教授連中は春木に反感があった。早坂はただ金が欲しかった。T子は国際部で働きたかった。それぞれ思惑は違いますが、対春木という点では繋がります。早坂、小林らの謀議に乗るかたちで、しかしT子はT子なりの思惑で、春木に接近したのではないでしょうか。とにかくT子の目的は国際部への就職でしょう。だからこそ春木に執着した。それしかないんじゃないですか。オレはそう思う」

私は一気に説明した。

「それがT子の本音か……」

鳥井は電話の向こうで絶句し、しばらく黙ったままだった。

私は続けた。

「事件の翌年にO助手がアメリカ留学を果たしてます。Oの留学には小林らのバックアップがあった。もともとOの留学は春木の推薦や根回しで行われるはずだった。春木の逮捕でその夢は消えたと、本人も周囲も思った。ところが、Oの希望は叶った。しかも反春木派の小林らが手を貸している。小林はOに、春木免職謀議の中心人物とされた教授ですよ。渋谷署や東京地検に逮捕されたOは結局、手記はデタラメだと言い、無罪放免されましたが、それにしても、小林はなぜ名誉棄損でOを訴えなかったのか」

「確かに、Oの留学が実現したのは不可解だな。考えられない」

携帯電話の向こうからは、思いのほか力強い鳥井の声が返ってきた。私の気持ちも高まった。

「やはり早坂の店では、それぞれの思惑が交錯していたにせよ、春木をめぐる謀議があったとしか思えません。T子は国際部への就職、早坂は金、小林らは春木の追い落とし……。そう言い切れるかどうかはともかく、結果的に思いを遂げたのは小林らとOです。だとしたら、一度は潰《つい》えたかに思えたOの留学のバックアップと、手記をデタラメとすることが、交換条件だったとも考えられます。ただ、再審請求弁護団の木村壮さんが言ったように、なぜT子側が春木の告訴に踏み切ったのか、という疑問は残ります。どうしても解せません。T子の就職も流れるでしょうし、早坂も金を獲れない。以前、鳥井さんが言ったように、早坂の激しい嫉妬も理由の一つだと考えられますが、不可解ですね」

私は、現在は名誉教授となっている須々木斐子に出会えたこと、そして重要な話を聴きはじめていることも伝えた。しかし三十分を超える通話は、今の鳥井には辛そうだった。私はまたの連絡を約束し、電話を切った。と同時に、ここまで来たら、何としてもT子を探し出さねばならないという思いが湧き上がった。

T子は昭和二十三年（一九四八）生まれだから、六十九歳になる。一般的には健在でおかしくない年齢だ。事件当時、T子は渋谷と吉祥寺を結ぶ井の頭線の「I駅」から徒歩十分の実家に住んでいたが、末っ子の女性でもあるし、同じ場所にいる可能性は低い。中尾栄一代議士の私設秘書として二、三年勤めたのち、どのような経緯で杉並区の小学校の教壇に立つことになったのか。また、平成六年（一九九四）の四月、「45歳」のT子が杉並区の教育委員会にいたのを「週刊現代」の記者が突き止め、訪ねたことは先に記した。以後、T子に関する情報はない。

T子が卒業した東京都立富士高校に何か手がかりがあるかもしれない。まずそう考えた私は、平成二十九年（二〇一七）の六月に連絡を取り、川端由美子副校長に話を聞くことができた。新聞社退職後に使っている「客員編集委員」の肩書を伝え、私は事細かく聞き出そうとしたが、同窓会の連絡先を教えられただけで、卒業生名簿はないという返事だった。同窓会にも連絡したが、T子に結びつく情報は何も出てこなかった。

次は杉並区の教育委員会である。いきなり訪ねても、まともには対応してくれないだろうと思い、とりあえず電話をかけてみた。平成六年四月の時点で職員だったT子のことを確認したい旨伝え、訪問の許可を求めると、しばらく待たされた。石田と名乗る人事担当の女性職員が受話器の向こうから「即答できないので二、三日後にかけ直してほしい」と丁重に告げた。数日後の回答は「その人物が、当時こちらの職員ないし臨時職員でいたともいなかったとも、お答えできません」というものだった。予想どおりの典型的な役所の回答だった。

いかにしてT子を探し出すか——考えを巡らせるうち、世間の裏ルートに詳しい古い知人を思い出した。その男に連絡すると、数日後に返事があった。都内に「名簿屋」なるものが存在し、ここで情報を得られるかもしれないと、連絡先を教えてくれたのだ。

七月のある暑い日の昼前、私は隅田川沿いの町の、古いビルの四階にある「名簿屋」にたどり着いた。身体中から汗が噴き出ていた。入館料数千円を払い、なかに入ると、身分証明書の提示を求められた。四十年配の男は、私の名刺と免許証のコピーを取り、台帳のようなものに貼り付けた。予め電話で閲覧したい名簿の有無を確かめていたので、昭和四十一年（一九六六）と四十二年（一九六七）の都立富士高校の卒業生名簿も、昭和四十八年（一九七三）の青山学院大学全学部の卒業生名簿も、すぐに見ることができた。大学のほうは文学部教育学科だけでよかったのだが、コピーを頼むと、全学部でなければ渡せないと言われた。従うほかなく、高校の四十一年と四十二年、および大学全学部の四十八年の卒業生名簿のコピーを頼んだ。代金は驚くほど高かったが、知人に聞かされており、覚悟はしていた。コピーは高校が六枚、大学が二十枚で、大きな手提げ鞄へ丁寧に仕舞うと、すぐ帰路に就いた。地下鉄を乗り継ぎ、汗を拭きながら、急ぎ自宅へと向かった。

個人情報を勝手に覗こうとしているのだ。自戒の念もなくはなかったが、ここまで来た以上、どうしてもT子を探し出したかった。もしT子を探し出せなくても、高校か大学の同級生に消息を聞くことができるかもしれない。その一念だった。

青山学院大学文学部教育学科の卒業生はP組、Q組、R組に分かれており、各組とも五十人前後いた。A・T子の名はP組の四人目に載っていたが、住所欄はやはり空白だった。T子の住所にたどり着く難しさは、取材過程で気づいており、さほど落胆もなかった。百五十人ほどの同級生すべてに電話し、T子に関する何らかの情報を得られればいい。とはいえ、電話による詐欺が跋扈《ばっこ》する現在、見ず知らずの男の、突然の連絡に応じてくれるものだろうか。いきなり受話器を置かれるだけではないか。不安は募ったが、しかし方法はほかになかった。

A・T子との対話

その日の午後から、私はまず青山学院大学文学部教育学科各組の名簿を机の上に広げ、片っ端から電話をかけた。住所は尾道、新潟、岡山、石川県の内灘町、函館、水戸、千葉県の我孫子《あびこ》市など全国に散らばっていた。

あっというまに二時間が過ぎた。「現在使ワレテオリマセン」という無機質なアナウンスが流れたものと、留守番の応答メッセージに切り替わった二軒を除いて、電話に出た十七人の同級生は受話器を置くことなく、不思議なほど丁寧に応対してくれた。

私は毎日新聞OBの客員編集委員で、事件当時は記者として取材した旨を告げ、T子の消息を尋ねた。十七人の同級生のうち二人が、同じクラスだったのは知っていたが、親しい付き合いはなかったと答えた。また一人は「二浪されていたこともあって、クラスの人たちとは交流がなかったのではないでしょうか」と答えた。ほかは皆、T子のことを覚えていなかった。まだ十七人である。

先を思いやると、ぐったりと疲れが出てきた。

私は机の横のソファに寝転がった。しばらく目を瞑《つぶ》り、ぼんやりとしていた。そして思い直したように、東京都立富士高校の第十九回生、昭和四十二年（一九六七）の卒業生名簿のコピーを手に取った。半世紀前の卒業だが、名簿は平成十四年（二〇〇二）に作られたものだった。十五年前だ。よく見ると、なかにT子の名前があった。私は目を瞠《みは》った。

前後は住所欄が空白なのに、T子のところには郵便番号、住所、そして電話番号まで記されていた。私は憑かれたように、携帯電話のボタンを押していた。ほどなくして相手が出た。

「もしもし。Aさんですか？」

「はい」

「A・T子さんですか？」

「そうです」

冷静かつ聡明な雰囲気の、落ち着いた声だった。私は携帯電話を手から落としそうになった。まさか本人が出るとは、考えてもいなかった。私はソファの上に身を起こし、思わず正座した。

「私は毎日新聞OBの客員編集委員で……」

まずそう伝え、春木事件の取材陣の一員だったこと、大木金次郎青山学院院長にも直接会って話を聞いていることなどを手短に説明した。電話を切られぬよう、ただひたすら念じながら、できるだけゆっくり説明した。ここで切られたら、二度と話せないかもしれない。それだけは避けたい。

私は慎重に言葉を選び、話を続ける努力をした。

「A・T子さん。私はあなたを探していました」

「何のためにですか？」

「その後、どうされていたかと」

私は携帯電話を耳に押しつけ、神経を集中させた。人の気配はないか。テレビの音や猫の声はしないか。いつ、どのような経緯で、ここに住むことになったのかを知る糸口を、聞き逃さないために——。

「私を探してどうされるおつもりだったのですか。本にでも書かれるのですか」

「新聞社を辞めてからも、あの事件のことは忘れられませんでした」

「もう、そっとしておいていただけませんか。私は被害者なんです。ずいぶん長いこと、マスコミにも追われてきました」

T子の声に、やっと感情らしきものが窺えた。私は切り返した。

「しかし事件当時、あなたは大森実氏の長いインタビューにも積極的に応えていますし、ずいぶん過激な発言もされています」

私はあえて刺激的な話題を持ち出した。だがT子は冷静だった。

「確かに私は大森実さんに会いました。でもそれは弁護士の指示に従っただけのことです」

「どんな指示ですか」

「お答えする義務はありません」

「そのとき、この場に春木がいたら殺してやりたい、とも言われています」

「何を答えたかも覚えていません」

「公判では面と向かって春木教授に、ケダモノの声なんて聞きたくもない、とまで仰っています」

「覚えていません」

T子は私の挑発に乗ってこなかった。私は趣向を変えた。

「もう事件から四十五年近く経っています。春木猛教授も二十年以上前に亡くなりました。関係者の多くもすでに過去の人です。しかし、あなたは東京のどこかでご健在だろうと、私は信じていました」

「そう思われるのはそちらの勝手です」

「春木教授が亡くなられたことはご存知ですね」

「私には関係ありません」

「あなたが杉並区立和泉小学校の臨時教員をされていたころ、大谷恭子弁護士が訪ねていますね」

「覚えていません」

「大谷弁護士は青学の中・高等部出身で、彼女の同級生の何人かは大学であなたと一緒でした」

「知りません」

「大谷弁護士とは会われたでしょう？」

「……」

「和泉小学校で」

「お話しの学校には勤務したことがありません」

「杉並区の教育委員会にもお勤めでしたね」

「教育関係の仕事はしておりました」

「定年までお勤めでしたか？」

「いちいち答える義務はありません。この電話は録音されているのですか」

「録音なんてしていません。この電話にあなたが出られることも予想していませんでした」

T子の声に窺えた感情らしきものは消えていた。私はまた話題を変えた。

「今はお独りですか？」

「戸籍謄本でもお取りになって、勝手にお調べください」

「今はそんなことできませんよ」

「毎日新聞のOBと言われましたが、あなたはおいくつですか？」

T子が初めて質問した。

「私はもう七十代の後半です。あなたの一回り近く上です。そろそろ死んでもおかしくない歳です。その晩節に、私なりに春木事件の決着をつけたいのです」

「それがあなたの記者魂ですか」

T子の口から「記者魂」などという言葉が出てくるとは、思ってもいなかった。

「そんな大袈裟なものではありません。しかし、たとえ電話でも、こうしてあなたとお話ができて、何かほっとしました」

「どうしてですか？」

「古い小説ですが、菊地寛の『恩讐の彼方に』を思い出しました。先ほども申しましたが、事件からもうすぐ四十五年です。被害者も加害者も、もう関係ないのではないですか。あなたは今、六十代の後半ですね」

「そちらでおわかりでしょう」

「波乱のなかを生きてこられたと思いますが、もうすべては終わりました。学生のころからご希望だった子どもたちに関わる仕事もされ、それを全うされたのでしょう？　今は平穏な日々をお過ごしと思います。そんなあなたの日常を知ることができて、長年、探し求めてきた昔の友人に、やっと会えた気持ちです。ここにたどり着くための、あらゆる偶然に、私は感謝しています」

「私にとっては迷惑なだけです。この受話器を取り上げたときから、心がざわついています。あなたはどちらにお住まいですか？」

突然の問いかけに私はドキリとした。

「……すみません。私の携帯電話の番号をお控えください。留守番電話にもなってます。もしご連絡いただけるようでしたら、すぐに対応します」

「ずいぶん一方的ですね」

そして、私は核心部分に踏み入り、全神経を耳に集中させた。

「春木教授はあなたに、新しくできる国際部で秘書をしてほしいと言いましたね。そしてあなたも、手伝いたいと応じました」

「覚えていません」

「国際部の秘書か職員になれたらとは、お思いになりませんでしたか」

「そんな話はまったく記憶にありません」

「一度、お目にかかれないでしょうか」

「お会いする理由がありません。いくら四十五年前のことでも、私は被害者なのです」

「お手紙を差し上げたら、読んでいただけますか」

「読まないと思います」

「是非お読みいただきたいのです」

「私が判断することです。お出しにはならないでください」

「今、日々をどのようにお過ごしですか」

「お答えする必要なんて、あるのですか」

「できればお聞きしたいです」

「お断りします」

私は春木のことを思い浮かべた。あの裁判での二人のやりとりである。私は本来、こちらから問う立場のはずだった。しかし、このときは、逆に私はT子に追い詰められている。あなたの年齢は？　どちらにお住まいですか？　その都度、私は言葉に詰まった。どこまでも冷静沈着なT子に、追い詰められているのだった。

いつ電話を切られるかと冷や冷やしながら、私はできるだけ話を引き延ばした。私は終始、緊張していた。T子の冷静さは、彼女が受話器を置くまで変わらなかった。通話時間は十七、八分だった。それでも、T子の近況は垣間見ることができた。私はともかく、手紙を出そうと思った。そして数日後、何冊かの自著とともに丁寧な手紙を出した。返事は期待していなかったが、案の定、梨のつぶてである。

学生時代、京王井の頭線沿線に住んでいたT子は、帰宅するさい、渋谷駅に着くと必ず母親に電話をかけたという。携帯電話などない時代だ。わざわざ公衆電話からかけたのだろう。母親は最寄りの駅までT子を迎えに出た。体育局でアルバイトをしていたT子の帰宅はいつも夜の九時ごろで、迎えに来た母親とその日あったことを話しながら、自宅まで十分の道のりを歩いた。公判での春木の証言によれば、自宅では父親や兄、二人の姉の靴までピカピカに磨くのが「大好き」だった。T子自身も刑事にそう話している。

富士高校の卒業生名簿に記されていた住所は、井の頭線沿線ではなかった。都心から郊外に延びた地下鉄の終点に近い駅で降り、歩いて七、八分のところだった。直線距離にすれば、須々木斐子名誉教授の家から十キロも離れていない――。

エピローグ

JR三鷹駅からバスに乗り、終点で降りると、そこは私鉄沿線の駅前だ。線路沿いにしばらく歩けば住宅街が広がり、一角にやや無機質な鉄筋コンクリート造りの、白亜の二階屋が見えてくる。この大きな家の門前には「須々木卯太郎」と男性名の表札がかけられている。須々木《すすき》斐子《あやこ》青山学院大学名誉教授の亡き父親の名だ。その下には「須々木鍼灸治療院」の看板がかけられている。唐突な感じがしないでもない。

ブザーを押すと、名前を確かめられ、門を入るよう言われた。玄関には男物の革靴が一足置いてあった。大きな靴は磨き込まれ、今にも奥から背の高い男性が出てきそうだった。女性だけが暮らす家の玄関に男性物の靴を置くのは、古くからの慣習である。突然の訪問者に女性だけの家だと気づかれないためのものだ。玄関も廊下も塵一つなく磨き込まれており、家主の几帳面さが窺える。

平成二十七年（二〇一五）の秋も深まった十一月中旬の午後、通された応接間で初対面の挨拶を交わした須々木斐子は、外出時のような服装で、髪も整えていた。まるで美容院から帰ってきたばかりのような姿で、昭和八年（一九三三）二月生まれの八十二歳にはとても見えなかった。六十代半ばにも見える須々木は、女性にしては低音だが、しかし張りのあるよく通る声で、目が鋭く、気品が滲んでいた。私は毎日新聞社客員編集委員の名刺を差し出した。

目の前にいる須々木は、青山学院の天皇とも言われた大木金次郎院長の最側近、あるいは特別秘書的な存在だった。昭和五十一年（一九七六）に四十三歳の若さで法学部教授となった。五十五年（一九八〇）四月に四十七歳で教育企画調整室長に抜擢されてからは、八年間、院長室の隣に部屋を与えられ、法学部教授のまま大木の特命事項をこなした。教育企画調整室長は、大木が須々木を側に置くためにわざわざ拵《こしら》えたポストである。大木は青山学院の最高権力者として終生、院長兼理事長の地位を手離さなかった。

須々木は大木の知恵袋として学内のあらゆる重要案件で能力を発揮した。各学部長や有力教授でも、須々木を通さなければ大木には会えなかった。当時の教職員は皆、私にそう話してくれた。戦前から青山学院に奉職し、気骨ある学長として知られた気賀重躬《けがしげみ》を父親にもつ文学部名誉教授の気賀健生《たけお》なども「大木院長には恐くて近寄れなかった」と、当時を振り返っている。

昭和四十八年（一九七三）三月三日に春木猛が逮捕されたとき、二月生まれの須々木は四十歳になったばかりだった。まだ助教授になって二年目だったが、その経歴と実績、法学部内における冷静沈着な言動を大木は評価しており、須々木への信頼は厚いものがあった。前述のとおり、須々木は大木の指示を受け、春木の助手О・Hの告白内容の真偽も質している。須々木は大木に、次のように報告したという。

「すべてがデタラメとは思えません。どんな小説でも、どこかに真実は書かれています。小説のすべてが絵空事とは言い切れないように、Oの告白のどこかにも真実があるはずです。どこが真実で、どこが虚偽なのかは、分析する必要があります」

当時、情報は錯綜していたが、須々木の率直な意見は、大木を冷静にさせたことだろう。

「……診察しましょう」

鍼灸師となっていた須々木はさりげなく言い、隣室の診察用ベッドに私を案内した。診察の予約をしていたのだ。やはり診察は受けなければならないのか。私は深町正信青山学院名誉院長に言った冗談を不意に思い出した。

「まさか針一本で殺されることもないでしょう」

大木院長の懐刀とも言われた須々木は、平成十六年(二〇〇四)春の定年退職後に鍼灸師となり、自宅でその看板を掲げていた。この年の七月には、政治経済学部教授だった斎藤太治男《たちお》が八十三歳で、十一月には法学部長だった小林孝輔《たかすけ》が八十二歳で死去している。ともに定年後は名誉教授となっていた。

須々木には聞きたいことが山ほどあったが、私は言われるまま着替え、ベッドの上でうつ伏せになった。須々木は背中の上のほうから鍼を打ち、部位によっては灸を据えていった。それにしてもなぜ「英語の青山」を代表する名誉教授が鍼灸師になったのか。ぼんやり思いながら、私は心地よく、うとうとしはじめた。

須々木は小樽潮陵高校を出て、北海道大学の医学部に進みたかった。北海道拓殖銀行の重役だった父親に反対され、やむなく次姉と同じ津田塾大学に入ったそうだ。以来、医学への思いを捨て切れずにいたのだが、しかし定年後に目指すのはさすがに無理だと考え、鍼灸の専門学校に通い、国家試験に合格したという。須々木は自宅に鍼灸治療院の看板を掲げ、親しい人だけに知らせた。見ず知らずの人が来ても大抵は断った。私の診察を引き受けた理由を聞くと、須々木は「カンですね。気分もよかったのでしょう」と言い、明るく笑った。

その日からもう二年が過ぎた。現在も私は月に一、二回、須々木鍼灸治療院にかたちの上では患者として通っている。春木事件の取材をさせてほしいと打ち明けたのは、確か三回目の治療のときだったが、須々木は平然としていた。初診の日に差し出した名刺と、春木事件に少し触れただけの言葉の端から、何事にも鋭い名誉教授はすでに見抜いていたのかもしれない。

約一時間の治療のあと、茶をいただきながら、やはり一時間ばかり雑談する。この雑談が、やんわりとした取材だ。いただく煎茶もコーヒーも本格的で美味しい。茶請けには、たとえば五月なら柏餅が出る。これが並のものではない。大きな、実に大きな柏の葉で包まれており、どこで手に入れるのか、そこいらの和菓子屋ではまずお目にかかれない立派なものだ。甘味《かんみ》は禁物なのだが、これはいただかないわけにはいくまい。苺とか柿とか、季節に応じて出される果物も見事だ。一度、鰻をご馳走になったことがあるが、これがまた絶品で、竹葉亭《ちくようてい》にも野田岩《のだいわ》にも引けをとらない。とにかく毎回、私は舌を巻かされ、月一、二回の治療が楽しみになった。

春木事件のことを含め、須々木から聞いた青山学院の四方山話《よもやまばなし》には、オフレコにしなければならないものも多くあった。須々木がふと思い出した極秘事項を洩らすときなどは、その微妙な表情を私はそっと窺ったものだ。

駆け出しの新聞記者として名古屋にいたとき、私はいわゆる「警察回《サツ》り」を経て、愛知県警捜査一課を担当した。大阪社会部では、やはり市内の「警察回り」をしてから、府警捜査二課を担当した。東京に来てからも、警視庁を担当した。捜査一課は殺人や強盗、二課は汚職事件などを扱う。取材は主に夜、刑事たちの帰りを見計らい、彼らの自宅に行った。いわゆる「夜回り」で、密かに親しくするシンパから情報を得るのである。だが、親しい刑事でも、こちらに情報がなければ、何も話してくれなかった。たとえ断片的でも、何か有力な情報を掴み、それを刑事にぶつけて反応を見るというのが筋で、禅問答のようになることもあった。刑事にヒントをもらい、事件を解いていくのが取材だった。須々木を訪ねたのはむろん診察時間内のことだが、ベテラン刑事宅への「夜討ち朝駆け」といった趣もあった。須々木は反応が早く、急所を衝くような発言をした。出所不明でも信憑性の高いネタをぶつけなければ、ヒントは得られなかった。

須々木のところへ通うようになって一年以上経ったある日、私はかねてからの疑問をぶつけてみた。渋谷署長の町田和夫がわざわざ青山学院へ出向き、「国際部」について学長の石田武雄に聴取した一件だ。渋谷署でのA・T子の最初の供述には国際部への思いが滲んでいた。春木もその思いに応えたかったと話していた。だからこそ町田署長は国際部新設計画の進捗状況を石田学長に確認したのだ。要するに、春木とT子の間にあったことは、「合意の上」だったのではないかと、おそらく最初は渋谷署も疑っていた。T子は国際部に職員ないし春木の秘書として採用される「確約」を得たかった。この推測に従えば、二月十一日と十三日の両日で三度も「暴行」を受けるためにT

子が春木を訪ねたことや、十四日に「親愛なる」などと書き添えたバレンタインのチョコレートを届けたことが、なるほどと腑に落ちる。

名も実績もある春木が、なぜT子の打算に気づかなかったのか。たった三回の逢瀬でのぼせ上がり、分別もなくなっていたのか。春木はT子を「ずっと傍に置きたかった」などと言っている。しかし、確かに打算もあったろうが、互いに好意がなければ、一日置いただけの計三回の逢瀬は、常識的には成立しないとも思える。そんな私の推測に、否定も肯定もせず、黙って耳を傾けていた須々木が口を開いた。

「私はT子さんとは学部も違うし、もちろん会ったこともありませんが、動機としては考えられますね。関係者のそれぞれが、それぞれの思惑で動いた結果でしょう。T子さんの目的は、国際部の職員と言うより、その先の留学にあったと思います。現在と違って当時は簡単に留学などできませんでした。いきなり海外へ行って、大学の教員や研究職の試験に合格することなど、ほとんど不可能です。まず国内の大学院に行って、修士課程を経てから、O助手のように教授の推薦で留学するのが普通です。フルブライトで留学できた私などは例外中の例外で、運も大きかったのです。人事に権限があれば、それを餌にする人はどんな組織にもいます。男同士だってそうです。留学について言えば、とくに春木さんはルートをもっていました。その筋の実力者でした」

春木が新設について「一切を任されている」と言った国際部の職員になれば、留学もあり得た。春木は「国際部」を餌にT子を誘った。T子はその話に飛びついた。『青山学院大学五十年史』を綿密にたどると、この「筋」はいっそう現実味を帯びてくる。また、T子は学校の先生になりたいとも言っていた。青山学院には幼稚園、小、中、高等部もある。将来、留学し、帰国後は母校の教壇に立つというプランを、T子が思い描いていたとしても何ら不思議はない。T子は成績も優秀だった。卒業を目前に控えていたとはいえ、進路変更も可能だったろう。

須々木も気賀も、当時の幹部職員たちも、私の推論に納得してくれた。とくに気賀は、T子がアルバイトをしていた体育局の教授たちとも親しかった。T子の印象については「勝気で要領よく、成績も優秀だった」と言っている。

早坂太吉も小林孝輔ら法学部の教授たちも、T子の春木に対する積極的な接近は想定外だったに違いない。いわゆるセクハラだけで充分、騒ぎにできた。小林らは春木にダメージを与えるだけでよかったし、早坂は金を強請ることだけを目論んでいた。

小林らの春木追い落としはともかく、ではなぜT子側は告訴に踏み切ったのか、という疑問は残る。小林らは告訴までするとは考えていなかったはずだ。告訴で事件が表沙汰にならなければ、T子の夢は叶ったのではないか。早坂もまとまった額の金を得ることができたのではないか。まだ三十八歳という血気盛んな年頃だった早坂が、「愛人」を奪われたことに激怒し、見境を失くして告訴に踏み切っただけ、とも考えられる。

一方、須々木はこの疑問について、脛に傷をもつ早坂が、逆に「恐喝罪」で春木側に訴えられることを怖れ、先手を打ったという見方をした。早坂は当時、不動産売買でいろいろと危ない橋を渡っており、脛に傷の一つや二つはあったろう。また、春木宅の近辺の地図まで入手し、不動産を値踏みするほどだから、損得勘定はできていたはずだと。その早坂が原則雄弁護士と相談し、回答期限間際のタイミングで告訴に踏み切ったと須々木は見たのである。須々木の見解のほうが真相に近いのかもしれない。

事件後、希望どおりアメリカ留学を果たした元助手のO・Hは、しかし青山学院に残ることはできず、神奈川県下で一般企業のサラリーマンになった。斎藤太治男が連れてきたOに、事実を話せば身分は保障すると約束した大木だったが、もともとそのつもりなどなく、必要な情報を聞き出すだけでよかったのだろう。大学とは、いや組織とはそういうものである。青学に限らず、早稲田でも慶応でも、東大でも京大でも、表面に出ないだけで、人事をめぐるトラブルは日常茶飯事だ。うわべどんな些細なことでも理事会や教授会で決めるという大学の体質が、余計に問題を複雑化している。

春木の「スピーチ・クリニック」を受講した文学部教育学科のT子は当初、純粋に英会話の上達を目指すだけの女子学生だった。春木に近づいたことで、T子の人生は大きく変わった。春木の人生も激変した。「人の一生は誰でも紙一重か、偶然の結果だよ」と、いつか鳥井守幸が携帯電話の向こうで低く呟いた言葉が、今も耳に残っている。

青山学院の院長兼理事長だった大木金次郎は平成元年（一九八九）八月三日、八十五歳で死去した。昭和三十五年（一九六〇）に学長のまま第十一代院長となり、十五年後の五十年（一九七五）に院長兼理事長となった大木は以後、さらに十四年間要職に留まった。

大木の青山学院葬は平成元年（一九八九）九月十六日午後二時から、青山学院記念館で盛大に執り行われた。司式は次代院長となる深町正信宗教部長が務め、厳かに式辞を読んだ。各界から多くの参拝者があった。なかでも密かな注目を集めたのが、春木猛だった。長身の春木は堂々と大木の柩の前へ歩み、深々と黙礼した。深町は面識がなかったが、「春木先生が来ておられる」という周囲の囁き声に促され、無意識のうちに視線を送った。気づいた春木は深町に目礼し、ゆっくり去っていったそうだ。深町にはそのときの印象が深く残っているという。翌平成二年（一九九〇）十一月に青山学院が発行した『神の愛に生きる　大木金次郎先生追憶文集』には、気賀健生が編集副委員長として加わっている。多くの関係者が追悼文を寄せているなか、なぜか小林孝輔ら法学部長歴任者の名前はない。単なる偶然なのだろうか。

平成二十九年（二〇一七）の梅雨明けが宣言されてから数日後、七月二十三日の日曜日はどんよりと曇っていた。私は朝早く家を出て、JR三鷹駅からバスに乗った。T子の所在を探し当て、電話で話したことを直接、須々木に報告するためだった。T子とのやりとりの直後に電話したときは、「奇蹟が起きたのね」と、心なしか弾んだ声で須々木は応えてくれた。

この日、私は午前中から夕方近くまで須々木の家に長居し、事件について今一度、思いつくまま話を聞いた。大木のこと、春木のこと、小林ら法学部の教授たちのこと、Oのこと、そしてT子のこと、早坂のこと、話題は尽きず、ついつい長居してしまった。

昼を過ぎたころ、須々木は奥から漆塗りの重箱と、揃いの小皿を二枚、運んできた。赤飯だった。「さあ、かたちだけだけど、いただきましょう。あなたの執念が実を結んで、ついにT子さんに接触できたのだし、ともかく安否は確認されました。T子さんのことを聞いて、同じ時期に青山のキャンパスにいた私も、なぜかほっとしています」

赤飯も、添えられた奈良漬も美味しかった。赤飯には奈良漬を添えるものらしかった。須々木と私は、ここから十キロも離れていないところにいるT子のことを思った。

帰路、再びバスに乗った私は、途中、ほとんど無意識のうちに一つ目の停留所で降りていた。東伏見稲荷前だった。やけに白く広い、コンクリートの参拝客用駐車場の向こうに、真っ赤な鳥居が見えた。日曜日だったが、参拝客の姿はほとんどなかった。

東伏見は早稲田大学ラグビー蹴球部の聖地だ。いつだったか、早稲田OBの作家、野坂昭如に、国立競技場で行われた明治大学との試合の観戦記を書いてもらったことがある。毎年十二月の第一日曜日に行われるラグビーの早明戦はほぼ欠かさず見ており、当時、私は社会部員だったが、隣の席にいた変わり者の運動部長で、やはり早稲田OBの石川泰司《たいじ》に、酒の勢いで提案した企画が通ったのだった。

試合は予想に反して早稲田が負けた。明治の新人、一年生の砂村光信がチームの司令塔であるスタンドオフに起用され、それが見事に的中した。砂村の速いパス回しに早稲田のフォワードは振り回された。ほかの選手のことは覚えていない。しだいに野坂は不機嫌になり、試合後、国立競技場の食堂でビール七本を立てつづけに飲んだ。そして飲みながら観戦記を書いた。私は密かに石川に連絡し、野坂の原稿が使えないときの対策を講じた。しかし野坂は、ビール片手に予定枚数を書き上げた。エンピツ書きの字は滲んでいたが、早稲田の敗戦を惜しみつつ、公平な観戦記だった。この特集記事は好評だったが、野坂に観戦記を書いてもらったのはこのときだけである。

国立競技場を出たとき、今から東伏見に行きたいと野坂が言った。東伏見まで社のハイヤーを飛ばした。東伏見に着いた夕暮れ、人の気配がない神社に、よれよれになりながら野坂と私は参拝し、近くの居酒屋に倒れ込んだ思い出がある。

私は携帯電話を手にして思い切りよく鳥井の番号を押した。夫人が出れば、切られてしまうだろう。そのときはまたかけ直せばいい。鳥井さん、出てくれよ。報告がいっぱいある……しばらくして留守番電話の応答メッセージに切り替わり、「用件を五分以内でお願いします」と、たどたどしい声が流れた。まぎれもなく鳥井の声だった。私は確信した。鳥井は私の連絡を待っている。私はできるだけ簡潔にメッセージを吹き込んだ。

「鳥井さんオレだ、早瀬だ。とうとうT子の居場所がわかった。電話で十七、八分、話すことができた。しばらくしてから手紙も出したが梨のつぶてだ。当然だろうなあ。電話でやりとりした内容は手紙に書くよ。T子が住むマンションの近所も歩いてみた。周辺の聞き込みだ。本人には直接会ってない。直接会えなくても、T子の近況がわかれば充分だろう。

T子は平成七年（一九九五）五月、この七階建てのマンションの完成と同時に入居している。二十二年前、バブル崩壊後の四十六歳のとき、そして週刊現代が杉並区の教育委員会で働くT子を見つけた翌年だ。九十平米の三LDK、約五千五百万円のマンションを即金で買ったようだ。地下鉄の最寄り駅から徒歩六、七分、セキュリティーもしっかりしていて、桜並木に面した南向き。以後、T子はここでずっと独り暮らしをしている。正直、この事実を知って、オレはほっとした。鳥井さん、あんたもそうだろう。

近所の物流店の店主はマンションと地下鉄の駅の間でよくT子を見かけ、言葉も交わす仲らしい。『オーラがあって、ただ者には見えない。そんな感じの人ですよ』と、まんざらお世辞とも思えない言い方だった。今も週の半分は教育関係の仕事をしているようだ。近くに小学校があり、一昨年そこで実習教育発表会という催しがあったそうだ。そのときT子が姿を見せ、女性校長と親しく話しているところを、近所のPTA会長も目撃している。服装のセンスがよく、六十前後にしか見えないと言っていた。鳥井さん、オレの『危険水域』ギリギリの聞き込みはこのぐらいだ……」

おそらくT子は、自ら望んで教職の道に入っていった。中尾栄一代議士の秘書を辞めたあと、いつ教育関係の仕事をするようになったのかはわからない。中尾が文教族議員にでも頼んだのか、別の誰かの紹介があったのか、自らが志願して得たのか。いずれにせよ、望みを叶えたT子の後半生は、穏やかなものなのだと思いたい。それぞれの思惑が交錯し、紙一重で人生の針路を大きく変えることになったT子の、結果としての現在の生活に、私は思いを馳せ、胸をなでおろした。その思いを頭のなかで反芻し、そして念じた。

鳥井さん、オレのメッセージは、必ず聞いてくれよ。聞いたら、電話をほしい。本当は、会って話したい。どこかの施設にいるのなら、教えてくれ。奥さんの目を盗んで、必ず会いに行く――。

平成三十年（二〇一八）一月、鳥井は八十六歳になっている。もうほとんど寝たきりなのではないか。それとも、まだ悶々《もんもん》として「世間」に関心を向けているのか。

あとがき

平成二十六年（二〇一四）十月、やっと出版に漕ぎつけた『聖路加病院で働くということ』（岩波書店）を最後に、私は細々と続けてきた執筆活動に終止符を打つつもりでいた。ところがしばらくして、昭和四十八年（一九七三）二月に起きた青山学院大学の春木猛教授事件に関する資料を、不思議な縁で入手した。膨大な資料のなかには、春木教授自身の赤裸々な手記や関連情報を伝える内部文書、また当時の怪文書まであった。

事件当時、私は毎日新聞社会部の記者として取材陣に加わり、何もわからぬまま青山学院関係者の間を駆け回った。そして、事件に材を求めた石川達三さんの、昭和五十四年（一九七九）から翌年にかけての「サンデー毎日」の連載「七人の敵が居た」にも、助手のような立場で関わった。石川さん自身も釈然とはしていなかったが、「七人の敵が居た」は小説ともノンフィクションとも言えず、中途半端に完結してしまった。いつかしっかり、ノンフィクションとして書き直そうと、私は石川さんと約束していた。

事件は最高裁まで争われ、石川さんの連載が始まる前年、昭和五十三年（一九七八）七月十二日に春木元教授の懲役三年の実刑が確定し、一応、決着していた。だが、都心の有名大学を舞台にしたこの事件の裏には、被害者とされる女子学生の不可解な言動や教授間の派閥争い、のちに「地上げの帝王」と呼ばれた不動産業者などが蠢いており、複雑怪奇そのものであった。入手した資料を前に、現役記者のころから心の片隅に引っかかっていた春木教授事件に対する思いが、私のなかで膨らんでいった。

「サンデー毎日」の編集長だった鳥井守幸も、異常なほど春木教授事件に執着した。石川さんの「七人の敵が居た」の連載時期とも重なる事件七年後の昭和五十五年（一九八〇）、同誌の編集長になっていた鳥井が特別取材班を結成し、連続七週で組んだ特集「事件7年目の暗部摘出！　春木青山学院大教授事件　女子大生暴行　7つの疑惑」は、あらためて世間の注目を浴びた。さらに鳥井は、春木元教授の満期出所を待ち、翌五十六年（一九八一）には独占インタビューを二週連続で誌面化し、事件にこだわった。誌面には「青学大事件　春木元教授七十一歳　慟哭の叫び」「あと二十年は生きて無罪を証明する。私はこうして女子大生に暴行犯にされた」「春木元教授、事件の核心を語る」といった見出しが躍っている。鳥井は昭和七年（一九三二）一月生まれ、私は十二年（一九三七）十二月生まれだから実質、六歳の年の差がある。また、鳥井の毎日新聞社入社は二十九年（一九五四）だから、三十六年（一九六一）の私には七年先輩となる。

鳥井は「サンデー毎日」を離れ、編集局の論説委員になってからも、春木教授事件を個人的に追いつづけた。平成六年（一九九四）一月三十一日の春木元教授の突然の死で頓挫してしまったが、再審請求弁護団もほとんど独力で結成させた。その鳥井の一挙一動を、私は近くでずっと見てきた。鳥井は世間の常識から外れた事件やその当事者に、異常なほど関心を抱く男だった。独特のカンをもち、あえて言えば「人間」や「世間の常識」というものを信じていなかった。

現役時代、私が高松支局から東京本社へ異動になってまず驚いたのが、社会部の総勢が百二十人もの大所帯だったことである。ちなみに大阪本社の社会部は六十人程度だった。東京社会部は部長の下に副部長《デスク》が六人おり、当時、鳥井は一番下のデスクだったが、他のデスクとは思考回路が違うように私には思えた。大きな事件より小さな市井の出来事を追い、そこに生じた人間の葛藤を掘り下げるようなところが鳥井にはあった。本文でも記したとおり、社会部長よりも週刊誌の編集長に魅力を感じていた鳥井は「ひねくれ者」であった。そんな鳥井に私は魅かれた。これぞジャーナリストではないか。以来、先輩ではあるが、時に同期の友人のように親しく接し、意見を交わした。

鳥井と私は相前後して新聞社を辞め、互いに大学教員に転じ、話をする機会は減っていった。とくに春木元教授が死んでしばらくしてからは、連絡が取れなくなった。長男を亡くし、放浪の旅をしているという噂も聞いたが、なぜ家を出て、いつどこへ行ったのか、実際のところはむろん知る由もなかった。

ややあって鳥井の新しい住所が判明した。鳥井は東京の小平から埼玉県下のマンションに移っていた。私は長い手紙を書いた。鳥井の返事には、独特の小さな丸文字で電話番号と日時が記され、その指定の刻限に連絡がほしいとあった。以後、手紙と電話のやりとりが続いた。電話で私が訪ねたいと言うと、「老醜をさらしたくないよ、お前に。オレはくたばる寸前ばい」と博多訛りの低い声が返ってきた。それはお互いさまだよ、鳥井さん。

平成二十七年(二〇一五)二月末のことだった。毎日新聞社の調査部で何気なく「サンデー毎日」の刊行目次を繰っていると、視線が釘づけになった。二十五年前の平成二年(一九九〇)四月二十二日号に「『青学・春木教授事件』で驚愕の新事実!!」という四ページの記事があり、「地上げの帝王」早坂太吉とその元愛人Ｂへのインタビューが載っていたのである。本文でも触れたとおり実名表記の元愛人B、早坂、そして春木元教授の写真も掲載されていた。記事の末尾には「本誌・野村明人」と署名もあった。私も鳥井も見知らぬ名前だった。

現在はどこの会社も社員名簿など作っておらず、野村明人氏の連絡先を知るのには手間がかかったが、記事を見つけてから約二ヶ月後の四月十六日に、私は東京内幸町の日本記者クラブで会うことができた。当時の日記を確かめると、偶然にも翌十七日に、私は深町正信東洋英和女学院院長に会っている。深町氏は東洋英和に着任される前、青山学院の院長を務めていた。大木金次郎氏亡きあと就任され、十九年間も院長職を務めた人物である。

現在は青山学院の名誉院長となっている深町氏には別件で会ったのだが、私は春木教授事件を洗い直していることも伝えた。深町氏は一瞬、沈黙してから「私は当時、間近にはいませんでしたが、何か腑に落ちない事件だった印象が残っています」と、呟くように言われた。私は膝を乗り出し、「ご迷惑にならない範囲で協力していただけませんか」と思わず口にしていた。新聞記者出身らしい厚かましさだったと、とっさに後悔したが、深町氏は『青山学院大学五十年史』など資料の貸し出し、また、当時を知る元職員がいれば紹介すると約束してくださった。

六月二十六日、文藝春秋の監査役を退任した勝尾聡の送別会を、同社元副社長の新井信と三人だけでやった。高輪警察署近くの、カウンター五席と奥に一間あるだけの小さな鮨屋だった。この喜久寿司という店は新井の家にも近く、よく三人で通った。奥の座敷はもっぱら高輪署御用達で、刑事課の猛者たちが取っ組み合いの喧嘩をすることもあった。この座敷で新井と勝尾に聞かれるまま、私は春木教授事件取材の進捗状況を話した。春先から着手していたことを、二人はすでに知っていた。

私と同年の新井も文藝春秋退社後、日本大学芸術学部の非常勤講師を務めていたが、そのときはもう退いていて「今ならヒマだからお前の原稿を担当者になったつもりで見てやろう」と言ってくれた。新井は私の大宅壮一ノンフィクション賞受賞時の担当部長だった。もう四十年余の付き合いである。勝尾は「古い事件だ。難しいなあ」とひとごとのように呟いていた。

十月の初めころから新井とのやりとりが頻繁になり、翌平成二十八年（二〇一六）早々に第一稿を書き上げた。十六万字を越えていた。その間にも二、三の出版社の編集者と会い、「春木教授事件」が話題になることはあったが、刊行の具体化については進展がなかった。四十年以上も前の事件なんて誰も覚えていないと、皆異口同音に感想を漏らした。だが、新井は独り熱心に原稿を何度も読み返した。短所、欠点を列挙し、新たに書き込むべき内容を示してくれた。

新井とは主に高輪プリンスホテル本館の喫茶ルームで、毎回二、三時間向き合った。平成二十九年（二〇一七）四月二十八日、新井が低い声で告げてきた。

「幻戯書房が原稿を読む、と言ってくれている。元筑摩書房編集者の湯原法史氏が紹介してくれた。幻戯を知っているか」

私は稲葉真弓氏の『少し湿った場所』を読んだ直後だった。三年前の夏の終わりに亡くなった作家のこのエッセイ集は、幻戯書房から出ていた。三重県鳥羽市出身の友人がいて、私は名古屋での駆け出しのころから志摩半島の辺りをしばしば訪れていた。『半島へ』で谷崎潤一郎賞を受賞した彼女の作品は、ほかにもいくつか読んでいた。地味だが、しっとりした魅力があり、惹きつけられる。幻戯書房の刊行書一覧を見ると、通好みの渋い本ばかりだった。創立者の故辺見じゅん氏には、彼女が『収容所《ラーゲリ》から来た遺書』で大宅賞を受賞されたときのパーティーで名刺を交換し、ほんの少し話したぐらいだったが、そんな見識の高い出版社が「春木教授事件」を読んでくれるのか。五月十一日になって、幻戯書房の田口博編集部長から「原稿を預かりました。読んだら連絡します」とメールがあった。

田口氏と初めて会ったのは六月二十二日だった。以後、田口氏とのやりとりを重ねた。田口氏の服装はダンディで雰囲気もソフト、口調もやさしいが、原稿に対する態度は容赦なくどこまでも厳しい。八月二十三日の内幸町の日本記者クラブでは、午後三時から七時過ぎまで、内容について一つずつ指摘を受け、原稿を返却された。実に細かいチェックが入っていた。九月十一日に書き直した原稿を田口氏と新井に送った。田口氏からはさらなる疑問点を指摘するメールが届いた。そして十月十八日、四度目の書き直しをやんわりと命じられた。四十余年前、最初に書き下ろしの原稿を見てもらった新潮社の伊藤貴和子さんもなかなか厳しい人だったが、田口氏は彼女に匹敵するか、それ以上に厳格な人で、頑固一徹なドイツの昔気質の時計職人を彷彿とさせる。歯車一つの狂いも見逃さない。その都度、ゲラと向き合い、格闘した。

こうして私は十二月二十五日に最終版の原稿を送り、田口氏からはゲラに組む準備に入ると連絡があった。私はあとがきの原稿に着手した。

年が明け、平成三十年（二〇一八）の一月三日、箱根駅伝で青山学院大学が四連覇を果たした。本書の内容とは直接関係ないが、原晋監督を中国電力から招聘したさいのエピソードを、深町氏が語っておられたことを思い出しながら、私はテレビの画面に見入った。深町氏も感慨深いものがあったろう。原監督で決まるまでには、それなりに曲折もあったようだった。

本文の表記について簡単に述べておきたい。本稿とは異なり、あくまでも読者の便宜を優先し、本文では敬称をすべて略している。実名を記すことが不都合な人物については、適宜省くか、イニシャルなどに置き換えている。また、引用文中の私自身による注釈は〔 〕内に入れた。

ゲラを前にして、今、私は思う。おそらく人生最後の一冊となるであろうこの原稿が本になるのは、むろん新井、田口両氏のおかげだが、お二人以外にも多くのかたがたにお世話になった。肩書きなしで、名前だけ列挙してお礼を申し上げたい。

深町正信、石松伸一、池田明史、伊藤芳明、大武邦治、江木裕計、白土辰子、谷川祐子、竹内修司、阪西敦子、田畑則重、田中朋子、武田昇、小出直久、土橋正、山口和平、湯原法史、郡司武、

傳農和子の各氏には感謝の気持ちでいっぱいである。

平成三十年二月

早瀬圭一

主要参考資料

『青山学院大学五十年史』青山学院大学編　青山学院大学　平成二十二年（二〇一〇）十一月十六日
『青山学院大学五十年史　一九四九―一九九九　資料編』青山学院大学五十年史編纂委員会編　青山学院大学　平成十五年（二〇〇三）十一月十六日
『神の愛に生きる　大木金次郎先生追憶文集』青山学院大学編　平成二年（一九九〇）十一月十六日

「最高裁上告棄却全文」春木猛
「検察官論告を聞いて」1、2　春木猛
「O・Hについて」春木猛
「一審判決を聞いて」春木猛
「最高裁判決を聞いて」春木猛
「再審請求に向けて」春木猛
助手O・Hの手記およびその告白を録音したテープ起こし原稿「O助手、金瀬弁護士に全告白」四百字詰原稿用紙百七十五枚　金瀬事務所
「春木事件の全て」O・H　金瀬事務所
「大木金次郎と青山学院大学」出所不明

石川達三『七人の敵が居た』新潮社　昭和五十五年（一九八〇）九月／新潮文庫　昭和五十九年（一九八四）

七月

稲田實『青学大元教授の罪と罰　仕組まれた罠・女子学生レイプ事件』オリジン出版センター　昭和六十年（一九八五）四月

市川寛『検事失格』毎日新聞社　平成二十四年（二〇一二）二月／新潮文庫　平成二十七年（二〇一五）一月

安達洋子『冬の花火　地上げの帝王・早坂太吉との二千日』日新報道　平成三年（一九九一）三月

林真理子『アッコちゃんの時代』新潮社　平成十七年（二〇〇五）八月／新潮文庫　平成十九年（二〇〇七）十二月

小林孝輔『風ふけど』泉書房　昭和六十三年（一九八八）九月

小林孝輔『風の外』学陽書房　昭和五十七年（一九八二）十一月

「サンデー毎日」昭和五十五年（一九八〇）五月二十五日号〜七月六日号、昭和五十六年（一九八一）二月八日号、七月十二日号、七月十九日号、平成二年（一九九〇）四月二十二日号

「文藝春秋」昭和六十二年（一九八七）十一月号

「中央公論」昭和四十三年（一九六八）三月号、五月号

「朝日ジャーナル」昭和四十四年（一九六九）四月十三日号、十月二十六日号

「週刊朝日」昭和四十四年（一九六九）四月十一日号

ほか「噂の真相」「FOCUS」「週刊新潮」「週刊現代」「月刊タイムス」「週刊ポスト」「現代」「アサヒ芸能」「創」など多数。

早瀬圭一（はやせ　けいいち）
昭和三十六年（一九六一）、毎日新聞社入社。名古屋、大阪、東京社会部を経て編集局編集委員。平成五年（一九九三）、退職。以後、愛知みずほ大学、龍谷大学、東洋英和女学院大学・大学院教授、北陸学院大学副学長など。現在、毎日新聞社客員編集委員、東洋英和女学院大学名誉教授。昭和五十七年（一九八二）、『長い命のために』（新潮社）で大宅壮一ノンフィクション賞を受賞。主な著書に『無理難題「プロデュース」します――小谷正一伝説』（岩波書店）、『奇人変人料理人列伝』（文藝春秋）、『大本襲撃――出口すみとその時代』（毎日新聞社／新潮文庫）、『鮨を極める』（講談社／新潮文庫）、『長い午後――女子刑務所の日々』（毎日新聞社／文春文庫）、『聖路加病院で働くということ』（岩波書店）など。

老《お》いぼれ記者魂《きしゃだましい》

——青山学院春木教授事件四十五年目の結末

二〇一八年三月二十日　第一刷発行
二〇一八年六月二十日　第三刷発行

著者　早瀬圭一
発行者　田尻　勉
発行所　幻戯書房
郵便番号一〇一‐〇〇五二
東京都千代田区神田小川町三‐十二
電話　〇三‐五二八三‐三九三四
FAX　〇三‐五二八三‐三九三五
URL　http://www.genki-shobou.co.jp/

印刷・製本　中央精版印刷

ISBN978-4-86488-141-8　C0095